Luiz Carlos Mariano da Rosa

# Os direitos da razão e a sua autoprodução entre o sistema de conhecimento de Descartes, o projeto crítico de Kant e o *idealismo absoluto* de Hegel

Politikón Zôon Publicações

Luiz Carlos Mariano da Rosa

# Os direitos da razão e a sua autoprodução entre o sistema de conhecimento de Descartes, o projeto crítico de Kant e o *idealismo absoluto* de Hegel

Politikón Zôon Publicações

2018

Politikón Zôon Publicações
1ª edição
Março de 2018

Capa e contracapa: Vick Rô [*Pixabay*]

Copyright © by Luiz Carlos Mariano da Rosa

*Sem autorização expressa do autor e do editor não é permitida a reprodução desta obra, no todo ou em parte e por nenhum meio, excetuando-se a transcrição de pequenos excertos para fins de divulgação e crítica.*

Dados Internacionais de Catalogação na Publicação (CIP)
Politikón Zôon Publicações

---

R7881d Rosa, Luiz Carlos Mariano da, 1966-
Os direitos da razão e a sua autoprodução entre o sistema de conhecimento de Descartes, o projeto crítico de Kant e o idealismo absoluto de Hegel. - São Paulo: Politikón Zôon Publicações, 2018.

Inclui bibliografia
ISBN 978-85-68078-07-5

1. Epistemologia. 2. Descartes, René, 1596-1650- Crítica e interpretação. 3. Kant, Immanuel, 1724-1804-Crítica e interpretação. 4. Hegel, G. W. F., 1770-1831-Crítica e interpretação. I. Título.

CDD - 121

---

Índice para catálogo sistemático:
1. Epistemologia 121

Politikón Zôon Publicações
Caixa Postal 436, Centro, São Paulo, CEP: 01031-970, Brasil

Ao *Deus-Homem* Jesus Cristo.
À minha família:
Val (*in memoriam*),
Nísia e Victoria.
Ao meu pai José Mariano da Rosa (*in memoriam*)
E à minha mãe, Maria de Lurdes.

*O que é racional é real e o que é real é racional.*
[Hegel]

# SUMÁRIO

Prefácio [13]

Capítulo 1 - Do sistema de conhecimento de Descartes: o "eu" como "coisa em si" e a "consciência da consciência" [35]

I Parte - Da "dúvida metódica" como instrumento do pensamento crítico no processo de construção do conhecimento e a emergência do *cogito* como princípio e fundamento do conhecimento [37]

II Parte - Da investigação das ideias e o seu valor objetivo na experiência do cogito: a consciência da finitude e o princípio de causalidade como base da ideia de perfeição [53]

III Parte - Do fundamento metafísico do erro: a contradição entre a liberdade infinita e o entendimento finito [65]

IV Parte - Do problema da existência das coisas materiais e o reconhecimento da sua possibilidade [77]

Capítulo 2 – Do projeto crítico kantiano: os direitos da razão entre a lógica da verdade e a lógica da aparência [85]

I Parte – Da lógica da verdade e os direitos legítimos da razão [87]

II Parte – Do conhecimento científico e a possibilidade dos juízos sintéticos *a priori* [95]

III Parte – Da lógica da aparência e a impossibilidade da metafísica como conhecimento científico [115]

Capítulo 3 – Do *idealismo absoluto* de Hegel: da autoprodução da razão (do absoluto), a chave do "devir" e a condição humana [123]

I Parte – Da autoprodução da razão (do absoluto) [125]

II Parte – Da chave do "devir" [137]

III Parte – Da condição humana (da dialética) [153]

Aspectos Conclusivos (Os direitos da razão e a sua autoprodução entre o sistema de conhecimento de Descartes, o projeto crítico de Kant e o *idealismo absoluto* de Hegel) [161]

Referências bibliográficas [191]

Bibliografia do autor [197]

Websites & social links do autor [217]

# PREFÁCIO

Segundo Descartes, como salienta o Capítulo 1, a razão, única faculdade que possibilita a distinção dos homens em relação aos animais, sob a perspectiva da luz natural, guardando correspondência sinonímica com o bom senso, cuja distribuição emerge equitativamente e configura "o poder de bem julgar e distinguir o verdadeiro do falso"[1], se impõe como um instrumento de caráter universal. Embora existente inteiramente em cada ser humano, a razão demanda um método, tendo em vista a diversidade de opiniões para cujas fronteiras converge a inter-relação entre pensamentos e coisas, o que constitui, em última instância, o conhecimento. As questões relativas ao conhecimento alcançam relevância à medida que, contrapondo-se ao saber contemplativo que impera desde a antiguidade, escapam à circunscrição que remete tão somente a noções e princípios, enfatizando a realidade que emerge como objeto de observação e experimentação que,

---

[1] Descartes, 1996, p. 65.

sob a leitura em referência, implica o tema da causalidade que, embora característico do racionalismo escolástico, adquire um sentido mecanicista, determinante do pensamento pragmático do futuro.

Se, por um lado, a dúvida que o ceticismo defende tem um fim em si mesma, e isso devido à impossibilidade de se estabelecer uma distinção entre o verdadeiro e o falso, por outro lado, a dúvida proposta por Descartes se impõe como provisória e metódica, guardando relação com uma intenção de verdade. Assim, ela caracteriza-se, pois, como voluntária, radicalista e hiperbólica, à medida que se justifica basicamente através de uma decisão, objetivando a investigação dos fundamentos da estruturalidade do conhecimento, alcançando uma aplicabilidade generalizada que se impõe ao extremo, convertendo-se, em suma, no instrumento de um pensamento crítico. Ao afastar imediatamente qualquer possibilidade de erro provocado pela suspensão geral do raciocínio, essa dúvida metódica de Descartes torna-se capaz, enfim, de operacionalizar a sua própria superação, convergindo a referida construção filosófica para tornar a realidade um problema. Dessa forma, ele se distancia da concepção realista que, dos primórdios do pensamento filosófico ao século XVI, configura uma atitude natural na medida que considera a existência e a realidade das coisas no mundo como inteligíveis em si mesmas, ou seja, possíveis objetos de conhecimento.

À atitude que até então se caracteriza como realista e natural, uma vez que não questiona a existência do objeto e a realidade do mundo, impõe-se uma inversão do polo de atenção. Isso porque, sob a perspectiva moderna, é o sujeito cognoscente, e não mais o objeto conhecido, que se torna o horizonte para o qual converge a questão do conhecimento, de onde emerge a correlação que abrange aqueles elementos (a saber, sujeito cognoscente e objeto conhecido). Esses dois elementos, inter-relacionados, se movimentam através do pensamento e dialogam com as fronteiras da verdade, que consiste, em suma, em que haja concordância envolvendo o conhecimento e o objeto, assinalando, enfim, que, nesta relação, o pensamento construído pelo sujeito concernente ao objeto guarde correspondência com o mesmo (objeto). Essa conformidade entre pensamento e objeto, escapando à leitura que a remete ao arcabouço do "critério da verdade", se detém no âmbito da "definição da verdade" e constitui a sua essência mesma, não servindo para possibilitar a descoberta, em relação ao conhecimento, acerca da questão que implica a sua condição, isto é, se é verdadeiro ou não. Dessa forma, ela perfaz aquilo em que consiste que um conhecimento seja verdadeiro, tendo em vista que verdadeiro conhecimento não é senão o conhecimento verdadeiro, convergindo para as fronteiras que encerram a noção de que o conhecimento falso não guarda o significado que envolve conhecimento, isto é, consiste em não tê-lo, pois se o conhecimento verdadeiro implica a concordância entre pensamento e objeto, a não concordância, a não coincidência entre ambos assinala que o conhecimento não é verdadeiro, ou seja, não é conhecimento.

Descartes toma, pois, todas as coisas sob a perspectiva de falsidade – desde as produções dos sentidos (imaginação)

Os direitos da razão e a sua autoprodução entre o sistema de conhecimento de Descartes, o projeto crítico de Kant e o *idealismo absoluto* de Hegel    Luiz Carlos Mariano da Rosa

até as razões que emergem através das demonstrações (raciocínio) -, chegando ao ponto de considerar que todas as coisas não são mais verdadeiras do que as ilusões dos sonhos. Descartes considera até mesmo o corpo, a figura, a extensão, o movimento e o lugar como ficções do espírito, pois ainda que uma evidência indubitável torne difícil a aplicação da dúvida em relação a uma ideia clara e distinta, não existe, contudo, nada que assegure a realidade de qualquer coisa pensada. Isso porque, no âmbito da sua estrutura como tal, o pensamento não guarda necessariamente nenhuma correspondência entre o objeto que o seu exercício contempla (objeto pensado) e a realidade que se mantém em sua exterioridade.

Convergindo para as fronteiras que apelam para o problema da existência e da realidade das coisas no mundo - o que demanda não menos do que a sua dedução, a sua demonstração ou a sua construção -, o que se impõe não é senão um método. No caso em questão, referencializado pela própria experiência, o método escapa à circunscrição de um corpo de regras, como o *Organon* de Aristóteles,

Os direitos da razão e a sua autoprodução entre o sistema de conhecimento de Descartes, o projeto crítico de Kant e o *idealismo absoluto* de Hegel    Luiz Carlos Mariano da Rosa

emergindo através de alguns preceitos, o primeiro dos quais sendo a evidência – que se caracteriza como aquilo que se impõe imediatamente ao espírito, que implica um assentimento e que traz em si a clareza e a distinção, acenando para o horizonte da verdade, que, em suma, não tem outro signo senão ela mesma.

Se a religião, detendo o horizonte da estruturalidade do saber, desde o Renascimento, se mantém envolvida em uma crise que implica do questionamento da autoridade papal ao advento do protestantismo, à destruição da sua unidade se impõe o poder exclusivo da razão para discernir, distinguir e comparar, contrapondo-se ao critério da fé e da revelação à medida que acena para o horizonte que encerra a possibilidade da dúvida. Assim, inclinando-se contra o dogmatismo, a razão emerge através da construção de uma mentalidade crítica, que desenvolve uma atitude polêmica diante da tradição, escapando da sujeição tanto aos paradigmas da Igreja quanto aos pressupostos do aristotelismo, que até então reinavam absolutos.

Nessa perspectiva, pois, embora o pensamento de

Descartes não deixe de guardar indícios envolvendo o horizonte da religião e o arcabouço da ordem social tradicional, a sua filosofia alcança relevância ao dialogar com elementos que acenam para uma concepção nova, envolvendo o homem e a natureza, com cujas raízes os movimentos da sociedade dos dois séculos seguintes permanecem inter-relacionados[2].

> Ora o homem encontra realmente em si mesmo uma faculdade pela qual se distingue de todas as outras coisas, e até de si mesmo, na medida em que ele é afectado [sic] por objectos [sic]; essa faculdade é a *razão* («*Vernunft*»). Esta, como pura actividade própria, está ainda acima do *entendimento* («*Verstand*») no sentido de que, embora este seja também actividade própria e não contenha somente, como o sentido, representações que só se originam quando somos afectados [sic] por coisas (passivos portanto), ele não pode contudo tirar da sua actividade [sic] outros conceitos senão aqueles que servem apenas para *submeter a regras as representações sensíveis* e reuni-las por este meio numa consciência, sem o qual uso da sensibilidade ele não pensaria absolutamente nada. A razão, pelo contrário, mostra sob o nome das ideias uma espontaneidade tão pura que por ela ultrapassa de longe tudo o que a sensibilidade pode fornecer ao

---

[2] Alcança relevância, nessa perspectiva, o comentário de Hegel, que atribui a Descartes a condição que implica a origem da "cultura dos tempos modernos, o pensamento da filosofia moderna" (Hegel, 1971, p. 120), que encerra a possibilidade de conquista envolvendo a verdade às fronteiras da reflexão.

entendimento (3); e mostra a sua mais elevada função na distinção que estabelece entre mundo sensível e mundo inteligível, marcando também assim os limites ao próprio entendimento.³

Detendo-se na questão que envolve a origem do conhecimento a investigação de Kant, conforme expõe o Capítulo 2, converge para um horizonte que assinala da receptividade das impressões à espontaneidade dos conceitos, cujas fontes primordiais, remetendo respectivamente à sensibilidade e ao entendimento ⁴, guardam correspondência com a possibilidade de receber as

---

³ GMS: BA 107/108, grifos do autor (As citações das obras de Kant guardam correspondência com a forma recomendada pela *Akademie-Ausgabe* e adotada pela Sociedade Kant Brasileira).

⁴ Convém ressaltar a perspectiva que, no que tange aos direitos da razão e a sua legitimidade, se impõe à leitura kantiana que emerge da Dissertação e assinala a distinção envolvendo mundo sensível (*mundi sensibilis*) e mundo inteligível (*mundi intelligibilis*), fenômeno (*phaenomenon*) e númeno (*noumenon*), perfazendo uma diferença que implica dois aspectos de um objeto e converge para atrelar o conhecimento sensível ao âmbito do primeiro, correlacionando o conhecimento intelectual à esfera do segundo, defendendo que o "conhecimento quando submetido às leis da sensibilidade [*sensualitas*] é sensitivo, quando submetido às leis da inteligência [*intelligentia*] é intelectual ou racional". (*Diss., Sec.* II, § 3)

representações, primeiramente, tanto quanto com a capacidade de conhecer um objeto mediante tais representações, conclusão que inter-relaciona intuição (*Anschauung*) e conceitos (*Begriffe*) [5] na estruturalidade constitutiva de um processo em função do qual, dependendo ou não do envolvimento da sensação (*Empfindung*), se impõem como puros ou empíricos.

A sensação pode chamar-se matéria do conhecimento sensível. Daí que a intuição pura [*reine Anschauung*] contenha unicamente a forma sob a qual algo é intuído e o conceito puro somente a forma do pensamento de um objeto em geral. Apenas as intuições ou os conceitos puros são possíveis *a priori*, os empíricos só *a posteriori*.[6]

Se a intuição não se impõe senão como sensível, ao objeto desta se inclina o entendimento, que emerge como a capacidade de pensá-lo, não havendo preeminência de nenhuma destas faculdades no processo de construção do

---

[5] "Intuição e conceitos constituem, pois, os elementos de todo o nosso conhecimento, de tal modo que nem conceitos sem intuição que de qualquer modo lhes corresponda, nem uma intuição sem conceitos podem dar um conhecimento." (*KrV*: A 50 / B 74)

[6] *KrV*: A 50 / B 74 – A 51 / B 75, grifos do autor.

conhecimento, que depende da convergência de ambas, cujas funções, nessa perspectiva, caracterizam-se como impermutáveis, razão pela qual Kant estabelece a distinção que envolve a estética ("ciência das regras da sensibilidade em geral") e a lógica ("ciência das regras do entendimento"), a qual, por sua vez, converge para a leitura que a interpreta sob o horizonte do "uso geral" e através das fronteiras do "uso particular", denominando-se a primeira "lógica elementar", e a segunda, *órganon* desta ou daquela ciência (*Wissenschaft*)[7].

Detendo-se no fato que envolve a característica de determinados conhecimentos escaparem ao âmbito que circunscreve a totalidade das experiências que se mantém sob o horizonte da possibilidade, à medida que se impõem através de conceitos com os quais não dialoga objeto algum da experiencialidade, convergindo para a ampliação dos juízos de tal forma que chega a transpor as suas fronteiras, situando-os acima do mundo sensível, arcabouço que não

---

[7] *KrV*: A 52 / B 76.

se inclina senão às investigações da razão que, em face da sua natureza e do significado último que encerra o seu saber, alcançam preeminência diante de qualquer ensinamento que porventura advenha ao entendimento através do campo dos fenômenos.

Nesta perspectiva, qual não é a carga de motivos que se impõe às pesquisas para as quais o horizonte da razão acena, a despeito do risco de engano que emerge diante da problematicidade inevitável que envolve, no tocante à razão pura, Deus, a liberdade e a imortalidade, sobre cujos "objetos" se inclina a metafísica, que os circunscreve, desenvolvendo-se através de um procedimento metódico que inicialmente converge para a leitura dogmática, à medida que se dispõe a realizar o empreendimento em referência sem se deter previamente na questão que guarda relação com a sua capacidade ou não de levá-lo a efeito.

Se a metafísica, no desenvolvimento da história da filosofia, não se impõe senão como um anfiteatro que encerra o espetáculo dos infindáveis confrontos dos filósofos em função do problema fundamental para o qual converge, a saber, a questão que envolve "o que existe?", o que se impõe, se lhe contrapondo, não é senão a necessidade e a universalidade das leis da natureza que, emergindo da experiência (*Erfahrung*) e do cálculo, asseguram que a matemática e a física encontraram o caminho seguro da ciência, o que implica na consideração acerca da possibilidade da construção da metafísica enquanto ciência, tanto quanto antes nas determinações das condições que possibilitam esta última, conforme pretende a leitura kantiana através de um projeto critico[8] que como tal acena com um horizonte de um processo que propõe a legitimação do conhecimento racional, não a sua extensão, conforme demonstrado pelo procedimento adotado no que concerne à análise das faculdades do conhecimento, à medida que o seu objetivo envolve a separação do princípio do verdadeiro e o princípio da ilusão, a *lógica da verdade*, que tende ao reconhecimento dos direitos da razão, e a *lógica da aparência*, que assinala a

---

[8] O termo "crítica" implica a noção que envolve separação, discernimento (do grego *Krinein*, separar).

denúncia das suas aspirações infundadas.

A conversão do particular em uma regra geral, eis o que se impõe ao conhecimento científico, convergindo para as fronteiras que encerram a questão que implica o tipo de juízos que se lhe funda, à medida que conhecer não é senão julgar, e se os juízos analíticos (*a priori*) se caracterizam como tautológicos, não permitindo o desenvolvimento do conhecimento, os juízos sintéticos (*a posteriori*), que possibilitam o seu enriquecimento, guardam correspondência com uma experiência (sensível) cuja capacidade se circunscreve ao âmbito dos conhecimentos contingentes, perfazendo um problema que demanda a explicação dos fundamentos e das condições de validade concernentes à sua construção, tendo em vista a necessidade de expor, no que tange aos juízos sintéticos *a priori*, a sua possibilidade de existência, que abrange também o conhecimento *a priori*, e isto no que se refere ao modo pelo qual, não dispondo do apoio da experiência, se empreende a saída do conceito.

A filosofia, ao dever ser ciência, não pode, para este efeito, como eu recordei noutro lugar [Fenomenologia do Espírito], pedir emprestado o seu método a uma ciência subordinada, como é a matemática, como tão pouco dar-se por satisfeita, com asseverações categóricas da intuição interior, nem servir-se de um raciocínio arguente fundado na reflexão exterior. Pelo contrário, só pode sê-lo a natureza do conteúdo, a qual se move no conhecer científico, sendo ao mesmo tempo esta reflexão mesma do conteúdo, que somente põe e produz a sua determinação mesma.[9]

Se a lógica[10], na acepção de "ciência da ideia pura, isto é, da ideia do elemento abstrato do pensamento"[11], se impõe, segundo a perspectiva hegeliana [12], conforme

---

[9] Hegel, 1993, p. 38.

[10] "A lógica, se é realmente a disciplina da verdade, é ao mesmo tempo e indissoluvelmente ciência do Ser e do Pensamento. E seu conteúdo articulado só pode ser o Pensamento articulando-se enquanto pensamento do Ser e o Ser articulando-se enquanto é pensado" (Châtelet, 1995, p. 54).

[11] Hegel, 1995, p. 65.

[12] "A *Ciência da Lógica* ocupa uma posição inaugural no sistema (hegeliano): a razão mostra em si as determinações abstractas [sic] da Ideia, cujas três primeiras dão o tom da dialéctica [sic]; o Ser – ser puro imediato, indeterminado -, a figura mais abstracta [sic] do pensamento, só é pensável na sua identidade com o Nada – não-ser imediato, igualmente indeterminado. A sua respectiva abstracção [sic] torna-os impensáveis sem a superação na sua síntese dialéctica [sic], primeiro conceito concreto, a categoria do devir" (Baraquin; Laffitte, 2004, p. 181, grifos do autor).

defende o Capítulo 3, como uma análise que escapa ao horizonte que acena para os métodos de raciocínio [13], convergindo para as fronteiras dos conceitos usados através do seu exercício, que remetem às categorias kantianas (a saber, Ser, Qualidade, Quantidade, Relação, etc.), a dissecação dessas noções básicas torna-se a primeira tarefa da filosofia, emergindo a Relação (*Verhältnis*) como a mais "difusa", tendo em vista que toda e qualquer ideia se mantém sob a perspectiva de "um grupo de relações", visto que a possibilidade envolvendo o pensamento em função de alguma coisa demanda uma construção de inter-relacionalidades diante de outra, operação que permite, enfim, a percepção de similaridades e diferenças, posto que a inexistência dos liames relacionais em questão não se põe senão para mostrá-la (a Ideia, no caso) como destituída de

---

[13] "Pensemos um momento no que significa 'raciocinar', no que quer dizer 'pensar'. Raciocinar, pensar, consiste em propor uma explicação, em excogitar um conceito, em formular mentalmente uma tese, uma afirmação; mas, a partir deste instante, começa-se a encontrar defeitos nessa afirmação, a pôr-lhe objeções, a opor-se a ela. Mediante o quê? Mediante outra afirmação igualmente racional, porém antitética da anterior, contraditória da anterior" (Morente, 1967, p. 268).

conteúdo, pois, vazia, enfim, o que implica uma equivalência entre o "Puro Ser e o Nada"[14], cuja verdade, sobrepondo-se à indiferenciação que carregam e emergindo através da sua não identidade e sua diferença absoluta, implica um movimento de desaparecimento imediato de um no outro, a saber, o devir.

> Transitar é a mesma coisa que *devir*; só que naqueles dois momentos, desde os quais se efetua o trânsito mútuo, são representados mais como repousando um fora do outro, e o transitar se representa como efetuando-se entre eles. Agora, onde e como se quer que se fale do *ser* ou do *nada*, tem que estar presente este terceiro; pois aqueles não subsistem por si, senão que existem somente no *devir*, neste terceiro.[15]

Ao pensamento, ou às coisas – a toda ideia e a qualquer situação do mundo, em suma -, se impõe

---

[14] Legado do pensamento de Parmênides cuja relação se impõe à perspectiva de Hegel, que o incorpora, conforme sublinha a sua leitura: "A simples ideia do *ser puro* foi expressa primeiramente pelos Eleatas e, especialmente, Parmênides como o absoluto e a única verdade; e nos fragmentos que nos chegaram dele, [se encontra expressa] com o puro entusiasmo do pensamento, que pela primeira vez se concebe em sua absoluta abstração: apenas *ser* existe, e o *nada* não existe em absoluto" (Hegel, 1993, p. 109, grifos meus).

[15] Hegel, 1993, p. 121, grifos meus.

inevitavelmente o oposto, que posteriormente converge para a união que, envolvendo-os, possibilita a formação de um todo mais elevado e complexo, configurando a perspectivação que, dentre todas as Relações, é aquela que encerra o contraste, ou oposição, que emerge como universal, cujo "movimento dialético" guarda correspondência com uma ideia prenunciada por Empédocles e desenvolvida por Aristóteles através da noção da "média justa", à medida que defende que "o conhecimento dos opostos é uno", pois a evolução torna-se um desenvolvimento ininterrupto de oposições, que não se movimentam senão em função de uma fusão que, afinal, se inclina para a reconciliação, tendo em vista que a verdade é uma unidade orgânica de partes contrárias[16], consistindo o verdadeiro unicamente nessa diversidade que se reinstaura ou na reflexão em si mesmo no ser-outro, não perfazendo

---

[16] Noção que guarda correspondência com a leitura de Schelling, que assinala, em suma, que "a verdade essencial do conflito de opostos não pode residir senão na unidade que sustenta esta oposição, fundamento sem o qual nenhum dos dois termos seria uma realidade" (Baraquin; Laffitte, 2004, p. 354).

uma unidade original ou imediata enquanto tal, mas "é o vir-a-ser de si mesmo, o círculo que pressupõe seu fim como sua meta, que o tem como princípio, e que só é efetivo mediante sua atualização e seu fim"[17].

Nessa perspectiva, pois, o "movimento dialético" não somente caracteriza o desenvolvimento e evolução do pensamento, tornando-se inescapável ao âmbito desse horizonte as coisas, posto que qualquer e toda situação se impõe através de uma contradição que converge, no processo que a detém, para as fronteiras de "uma unidade reconciliadora".

Se pensamento[18] e ser[19] guardam relação, no tocante

---

[17] Hegel, 1992, p. 30.

[18] "(...) Pensar, conhecer racionalmente, é compreender: a) que não se pode separar o pensamento como actividade [sic] do sujeito pensante (a razão como faculdade subjectiva [sic] de julgar, de 'discernir o verdadeiro do falso') e a realidade como objecto [sic] de pensamento (a razão como ordem inteligível das coisas); b) que o verdadeiro se reflecte [sic] naquilo que é. O pensamento enquanto 'conceito', a Razão, apreende-se como estando 'absolutamente junto de si próprio' na realidade, como simultaneamente subjectivo [sic] – proveniente do sujeito pensante – e objectivo [sic] proveniente da realidade pensável" (Baraquin; Laffitte, 2004, p. 179).

ao desenvolvimento que se lhes impõe, com o mesmo arcabouço de leis, lógica e metafísica[20] emergem como uma coisa só, mantendo-se a mente, sob o horizonte em questão, à medida que se inclina sobre o processo dialético, como um instrumento indispensável que possibilita a sua percepção como tal, tanto quanto da unidade na diferença para cuja perspectiva acena, incorporando a filosofia o encargo de descobri-la (a saber, a unidade que na diversidade permanece em condição de latência), cabendo à ética a unificação do caráter e da conduta, como à política

---

[19] "Ser algo determinado significa em grego simplesmente ser e neste sentido ser é princípio do conhecimento: trata-se da medida de toda crítica conseqüente de conhecimento, uma vez que nenhum ato de pensamento pode ser executado sem pressupor que o pensado seja algo determinado. Pode-se dizer que nesta perspectiva o pensamento considerado ingênuo pela modernidade é mais radicalmente crítico do que o próprio pensamento da modernidade, pois a crítica já começa onde de acordo com a modernidade o pensamento ainda não interveio, ou seja, na fase puramente receptiva: o que não pode ser pensado, percebido, lembrado, representado como um algo de forma alguma pode ser conhecido em qualquer nível de conhecimento. Ser é assim um critério interno do próprio pensamento." (Oliveira, 2007, p. 42).

[20] Conclusão que se impõe à leitura hegeliana, que afirma que não é senão "a ciência lógica, que constitui a metafísica propriamente dita ou a filosofia especulativa" (Hegel, 1993, p. 107).

aquele processo que envolve os indivíduos, em face da formação de um Estado, em uma contextualidade que, assinalando a absoluta racionalidade do projeto do mundo, demanda da religião[21] o trabalho que implica o alcance do Absoluto, que inter-relaciona, afinal, todos os opostos, matéria e mente, sujeito e objeto, bem e mal.

Nessa perspectiva, pois, no qual o Absoluto, no homem, acede à consciência de si mesmo e se impõe como a Ideia Absoluta, a história emerge como um "movimento dialético", sob cujo horizonte os conflitos e as crises guardam sentido, escapando à interpretação que implica um "efeito ininteligível dos projetos de uma Providência exterior", convergindo para as fronteiras que identificam os referidos fenômenos como a realização da Razão (cuja forma definitiva é o Estado moderno), conferindo o

---

[21] "Na *religião*, o Espírito (...) separa o conteúdo espiritual da forma sensível; ele separa-se do sensível para tomar consciência de si como Absoluto no elemento da interioridade pura; mas a consciência religiosa dá ainda ao Absoluto uma forma exterior; pensa o Absoluto por meio da *representação*, como a singularidade de uma existência exterior, a de 'Deus'" (Baraquin; Laffitte, 2004, pp. 180-181, grifos do autor).

processo em questão à mudança a condição de referencialidade paradigmática da vida à medida que defende a impermanência de qualquer e toda condição, tendo em vista que cada estágio traz uma contradição que só a "luta dos contrários" resolve[22].

---

[22] "Certamente, a racionalidade global do processo escapa aos indivíduos, que realizam a necessidade sem dar conta disso: a Razão realiza-se por meio do seu contrário, o irracional; o universal pelo particular; o direito pela força; o bem pelo mal; a consciência pela inconsciência; a razão pelas paixões. (...) Mas, como se trata do desenvolvimento necessário do Espírito absoluto que não é nada sem o espírito dos homens, a grande questão da História não é senão a libertação humana; os seus efeitos perversos vão no sentido de a vontade humana poder desejar o melhor" (Baraquin; Laffitte, 2004, p. 182).

Os direitos da razão e a sua autoprodução entre o sistema de conhecimento de Descartes, o projeto crítico de Kant e o *idealismo absoluto* de Hegel     Luiz Carlos Mariano da Rosa

# CAPÍTULO 1[23]

## DO SISTEMA DE CONHECIMENTO DE DESCARTES: O "EU" COMO "COISA EM SI" E A "CONSCIÊNCIA DA CONSCIÊNCIA"

Se o sentido e a finalidade da razão como instrumento de conhecimento convergem para a possibilidade de discernimento envolvendo o verdadeiro e o falso, o que se impõe ao seu exercício não é senão um método que consiste na aplicação de determinados preceitos destinados tanto ao entendimento como à vontade, cuja contradição caracteriza, segundo Descartes, o fundamento metafísico do erro. Descartes, conforme assinala o referido texto, recorre a uma dúvida que, na investigação dos fundamentos absolutos, encerra uma

---

[23] O referido capítulo é constituído por trechos que integram o conteúdo do artigo intitulado *Do sistema de conhecimento de Descartes: o "eu" como "coisa em si" e a "consciência da consciência"*, publicado pela **Revista Húmus**, ISSN 2236-4358, v. 5, n. 13, p. 2-31, ago. 2015, São Luís - MA, e pela **Revista Filosofia Capital**, ISSN 1982-6613, v. 10, n. 17, jun. 2015, Brasília - DF, Brasil.

radicalidade que tende a se deter nas fronteiras do próprio ato de duvidar, o que implica na experiência do *Cogito* e traz a prova ontológica da existência de Deus como única condição capaz de assegurar a realidade do mundo.

# I PARTE

## DA "DÚVIDA METÓDICA"[24] COMO INSTRUMENTO DO PENSAMENTO CRÍTICO NO PROCESSO DE CONSTRUÇÃO DO CONHECIMENTO E A EMERGÊNCIA DO *COGITO* COMO PRINCÍPIO E FUNDAMENTO DO CONHECIMENTO

Não deixando, pois, de submeter à dúvida a sua própria existência concreta como homem, à redutibilidade máxima, para cujo horizonte o processo em questão converge, Descartes impõe a única coisa que emerge como certa - e que somente se torna verdadeira depois da prova da existência de Deus -, a saber, o "eu penso, logo existo"[25].

O chamado *Cogito* se põe como "a consciencialização da

---

[24] À dúvida cartesiana se impõe um movimento dialético, convergindo o momento *negativo* que a implica para as fronteiras de uma afirmação *positiva*, na qual se converte, emergindo como fundamento do conhecimento (*Cogito*), conforme a leitura de Henri Lefebvre (1947).

[25] Descartes, 1996, p. 92.

minha existência como sujeito da dúvida e, por isso mesmo, como sujeito do pensamento"²⁶, tendo em vista que:

> pelo fato mesmo de eu pensar em duvidar da verdade das outras coisas seguia-se mui evidente e mui certamente que eu existia; ao passo que, se apenas houvesse cessado de pensar, embora tudo o mais que alguma vez imaginara fosse verdadeiro, já não teria qualquer razão de crer que eu tivesse existido; compreendi por aí que era uma substância cuja essência ou natureza consiste apenas no pensar, e que, para ser, não necessita de nenhum lugar, nem depende de qualquer coisa material.²⁷

Tornando-se a dúvida relevante como conhecimento do fato de que eu duvido, não como ato, à medida que o *Cogito* não perfaz um raciocínio senão uma constatação de fato²⁸, à primeira certeza adquirida, que inaugura a cadeia

---

[26] Baraquin; Laffitte, 2004, p. 118.

[27] Descartes, 1996, p. 92.

[28] O tratamento dispensado à dúvida na perspectiva de Descartes não guarda raízes senão nas fronteiras que encerram o pensamento de Santo Agostinho, conforme o exposto: "Quem, porém, pode duvidar que a alma vive, recorda, entende, quer, pensa, sabe e julga? Pois, mesmo se duvida, vive; se duvida lembra-se do motivo de sua dúvida; se duvida, entende que duvida; se duvida, quer estar certo; se duvida, pensa; se duvida, sabe que não sabe; se duvida, julga que não deve consentir temerariamente. Ainda que duvide de outras coisas não deve duvidar que duvida. Visto que se não existisse, seria impossível duvidar de

das razões que emerge no plano cartesiano, se impõe a perspectiva de que somente se caracteriza como verdadeira cada vez que penso nela atualmente, servindo para justificar a natureza do eu-existente afirmado[29].

> Não há, pois, dúvida alguma de que sou, se ele (enganador mui poderoso) me engana; e, por mais que me engane, não poderá jamais fazer com que eu nada seja, *enquanto eu pensar ser alguma coisa*. De sorte que, após ter pensado bastante nisto, e ter examinado cuidadosamente todas as coisas, cumpre enfim concluir e ter por constante que esta proposição, "eu sou, eu existo", *é necessariamente verdadeira todas as vezes que a enuncio ou que a concebo em meu espírito*.[30]

Procurando escapar, sob o horizonte do "eu penso, logo existo", ao equívoco envolvendo a estruturalidade do conhecimento ora alcançado como certo e evidente através

---

alguma coisa." (Agostinho, 1995, X, 10, 14)

[29] "[...] o Cogito só representa a 'primeira verdade' em seu sistema no sentido de que é o primeiro elemento da existência sobre o qual podemos ter certeza [...]. É preciso ficar claro, entretanto, que o mais importante para Descartes na descoberta da certeza de sua existência não é a validade formal de um certo raciocínio abstrato, mas sim um ato individual de pensamento: é na realização desse ato por cada mediador individual que a certeza de sua existência se torna evidente e indubitável." (Cottingham, 1995, p. 44)

[30] Descartes, 1996, pp. 266-267, grifos meus.

do referido processo, à Descartes se impõe a investigação dos fundamentos da perspectiva que possuía em relação a si, segundo o que acreditava ser, em virtude da necessidade de encontrar o que é de todo indubitável, na perseguição do qual transpõe, então, as fronteiras que acenam para a definição de homem como animal racional, que implica uma multiplicidade de questões que tendem a esvaziar a problematicidade do conteúdo disposto, detendo-se, afinal, no âmbito da leitura "natural", que converge para a seguinte conclusão:

> Considerava-me, inicialmente, como provido de rosto, mãos, braços e toda essa máquina composta de ossos e carne, tal como ela aparece em um cadáver, a qual eu designava pelo nome de corpo. Considerava, além disso, que me alimentava, que caminhava, que sentia e que pensava e relacionava todas essas ações à alma; mas, não me detinha em pensar em que consistia essa alma, e, se o fazia, imaginava que era algo extremamente raro e sutil, como um vento, uma flama ou um ar muito tênue, que estava insinuado e disseminado nas minhas partes mais grosseiras.[31]

A instauração da dúvida, pois, desestabiliza a

---

[31] Descartes, 1996, pp. 267-268.

construção em questão à medida que Descartes recorre à hipótese do gênio maligno, que não indica senão a impossibilidade de certeza quanto a existência dos atributos da natureza corpórea, consequentemente invalidando as ações que, inter-relacionadas à alma, guardam correspondência com o corpo, a saber, alimentar-se, caminhar e sentir, emergindo o pensamento como a única faculdade que resiste à exclusão, o pensamento cuja inseparabilidade, objeto da reflexão proposta, permite o desvelamento da natureza daquilo que o homem é propriamente.

> *Eu sou, eu existo*: isto é certo, mas por quanto tempo? A saber, por todo o tempo em que eu penso; pois poderia, talvez, ocorrer que, se eu deixasse de pensar, deixaria ao mesmo tempo de ser ou de existir. Nada admito agora que não seja necessariamente verdadeiro: nada sou, pois, falando precisamente, senão uma coisa que pensa, isto é, um espírito, um entendimento ou uma razão, que são termos cuja significação me era anteriormente desconhecida. Ora, eu sou uma coisa verdadeira e verdadeiramente existente; mas que coisa? Já o disse: uma coisa que pensa.[32]

---

[32] Descartes, 1996, p. 269, grifos do autor.

Consistindo todo pensamento, na acepção de fenômeno psíquico – e mais especificamente todo ato intelectual –, na apreensão de um objeto, que demanda, em suma, um movimento da mente que se dirige para algo, a distinção entre o ato (pensamento) e o seu conteúdo (objeto) se impõe, convergindo para a conclusão de que se o objeto do pensamento se dispõe ao homem através do referido exercício o ato de pensar não ocupa senão uma posição de intermediação, tendo em vista que é o que possibilita a instauração da relação em questão, funcionando para permitir o contato entre ambos.

Se nada escapa à dúvida, afastando de si tudo quanto se impõe como mediato, Descartes descobre, pois, a identidade que envolve o pensamento, imediato, e o próprio eu, que acena para a emergência de uma nova existência, a saber, *"je suis une chose qui pense"* ("eu sou uma coisa que pensa")[33], o ser do pensamento puro, enfim, cuja

---

[33] "1º) A inseparabilidade simples do pensar e do ser do pensante. *Cogito, ergo sum* equivale, de todo, a dizer: que me foi revelada na consciência imediatamente o ser, a realidade, a existência do Eu

resposta é a única possibilidade que emerge na circunscrição do problema proposto, tendo em vista que o processo em questão elimina a influência da própria imaginação. Se a substância "coisa pensante" se impõe como "um espírito[34], um entendimento ou uma razão", depois da determinação da sua essência, Descartes reintegra, na acepção de diferentes modos do pensamento, tudo o que antes sofrera exclusão, a saber, imaginar, sentir, querer, faculdades não propriamente intelectuais que, embora não pertençam à natureza do ser pensante, emergem da certeza

(Descartes declara ao mesmo tempo, expressamente - *Principia philosophiae*, I, 9 -, que por pensar ele entende a consciência em geral, como tal); e que essa inseparabilidade [do pensar e do ser pensante] é o conhecimento absolutamente primeiro, (não mediatizado, comprovado) e o mais certo [que há]." (Hegel, 1995, §76)

[34] Alma racional ou intelecto, eis o significado imposto por Descartes ao âmbito da filosofia moderna e contemporânea, convergindo a noção de substância para as fronteiras envolvendo o significado novo e o significado antigo (substância incorpórea), se lhes mantendo uma relação de intermediação, pois, e alcançando o status de consciência, o que confere o caráter de sinônimos de espírito aos termos que seguem: Substância pensante, consciência, intelecto, razão.

do *Cogito*[35], pois implicam este pensamento puro.

Ao apelo do pensamento imaginativo, que se inclina à leitura de que as coisas corpóreas, expostas aos sentidos, "sejam mais distintamente conhecidas do que essa não sei que parte de mim mesmo que não se apresenta à imaginação"[36], Descartes propõe uma investigação envolvendo os corpos que se disponibilizam ao tato e à visão, exemplificando através de um pedaço de cera tirado da colmeia que, embora inicialmente possa mostrar da doçura do mel a algo do odor das flores, carregando de maneira patente cor, figura, grandeza, sendo duro, frio, chegando a produzir algum som diante de um toque empreendido com mais força, basta submetê-lo ao fogo para

---

[35] "Mas o que sou eu que existo? Só existo enquanto me penso: sou, portanto, apenas uma coisa que pensa. Mas enquanto coisa que pensa, posso atribuir-me todas as modalidades do pensamento. Duvido, imagino, concebo. Assim, *imaginar* é a faculdade de representar as figuras ou as imagens corpóreas, o que muitas vezes exige um esforço, 'uma aplicação do espírito' que o ato de conceber não requer. Este é o trabalho do *entendimento*, faculdade pela qual percebemos as ideias." (Baraquin; Laffitte, 2004, p. 118, grifos do autor)

[36] Descartes, 1996, p. 271.

que perca tais características, permanecendo, afinal, a mesma cera, a mesma, o que comprova que uma vez subtraídas as coisas que não pertencem a ela, nada resta senão algo de extenso, flexível e mutável. Conclusão: A possibilidade de reconhecer a mesmidade da cera guarda relação com a sua identidade à medida que se impõe como uma coisa extensa.

Ora, qual é esta cera que não pode ser concebida senão pelo entendimento ou pelo espírito? Certamente é a mesma que vejo, que toco, que imagino e a mesma que conhecia desde o começo. Mas o que é de notar é que sua percepção, ou a ação pela qual é percebida, não é uma visão, nem um tatear, nem uma imaginação, e jamais o foi, embora assim o parecesse anteriormente, mas somente uma inspeção do espírito, que pode ser imperfeita e confusa, como era antes, ou clara e distinta, como é presentemente, conforme minha atenção se dirija mais ou menos às coisas que existem nela e das quais é composta.[37]

Se o caso da cera demonstra que, sob tal horizonte, a percepção escapa aos sentidos (paladar, olfato, visão, tato, audição), não havendo possibilidade de que a imaginação produza o conhecimento da natureza dos corpos que se lhe

---

[37] Descartes, 1996, p. 273.

expõem, estabelecendo uma comparatividade envolvendo a visão dos olhos e a inspeção do espírito (pensamento puro), Descartes recorre à construção de um cenário no qual de uma janela olha homens que passam pela rua, cuja visão, da mesma maneira que se impôs à cera, se detém, contudo, ao dizê-lo, na perspectiva que envolve "chapéus e casacos que podem cobrir espectros ou homens fictícios que se movem apenas por molas"[38], ilustração que, contudo, circunscreve-se às suas formas, o conteúdo das quais, a saber, os "homens verdadeiros", somente se inclina à compreensão, que assim se faz, em virtude do poder de julgar do espírito.

A distinção e evidência que caracteriza a percepção à medida que se impõe a diferenciação da cera em relação às suas formas exteriores, segundo Descartes, por si só, apesar de não isentar absolutamente o juízo de erro, é suficiente para a confirmar a superioridade do espírito humano, tendo em vista que a possibilidade do conhecimento, no

---

[38] Descartes, 1996, p. 273.

que concerne à percepção ou à imaginação, não guarda correspondência senão com a compreensão ou o reconhecimento que, por intermédio do pensamento, implica a essência da coisa.

Mas, enfim, que direi desse espírito, isto é, de mim mesmo? Pois até aqui não admiti em mim nada além de um espírito. Que declararei, digo, de mim, que pareço conceber com tanta nitidez e distinção este pedaço de cera? Não me conheço a mim mesmo não só com muito mais verdade e certeza, mas também com muito maior distinção e nitidez? Pois, se julgo que a cera é ou existe pelo fato de eu a ver, sem dúvida segue-se bem mais evidentemente que eu próprio sou, ou que existo pelo fato de eu a ver. Pois pode acontecer que aquilo que eu vejo não seja, de fato, cera; pode também dar-se que eu não tenha olhos para ver coisa alguma; mas não pode ocorrer, quando vejo ou (coisa que não mais distingo) quando penso ver, que eu, que penso, não seja alguma coisa.[39]

O pensar a cera, nessa perspectiva, independentemente da possibilidade ou não de conhecer a sua natureza ou do meio que viabiliza essa relação, através dos sentidos ou da imaginação, torna-se fundamental à medida que converge para que Descartes possa constatar a sua própria existência, e não só, mas certificar-se

---

[39] Descartes, 1996, p. 274-275.

absolutamente de que existe como uma "coisa que pensa", cujo conhecimento se impõe imediatamente ao espírito, implicando o assentimento deste, trazendo em si a clareza e a distinção, que acenam, pois, para o horizonte da verdade que, em suma, não tem outro signo senão ela mesma.

Se os pensamentos não são outra coisa que eu pensando, como ser pensante, à medida que guardam proximidade de modo imediato em relação a mim, confundindo-se, pois, com meu próprio eu, tendo em vista a condição de imediatez que os caracteriza como indubitáveis, convergindo, simultaneamente, para as fronteiras que encerram a unidade do eu, em cuja construção se fundem, o que se impõe, nessa perspectiva, não é senão o alcance do conhecimento da existência e da natureza do meu espírito, enquanto que, conforme expõe o caso da cera, que encerra uma concepção que depende da faculdade pela qual as ideias são percebidas (entendimento), o meu pensamento me proporciona apenas a ideia clara e distinta dos corpos, que implicam uma existência que ainda se mantém sob a égide da problematicidade.

Nessa perspectiva, pois, assumindo-se como uma "coisa que pensa", Descartes procura escapar à influência dos sentidos, tentando manter o pensamento imune ao assédio das imagens de coisas corporais, relegando-as ao âmbito da falsidade à medida que leva a efeito o plano que envolve a construção do conhecimento de si mesmo, convergindo para a conclusão de que se sentir e imaginar guardam relação com coisas que em si mesmas não são absolutamente nada na esfera da exterioridade do eu, essas maneiras de pensar, a saber, sentimentos e imaginações, somente nesta acepção podem se localizar na circunscrição da interioridade.

Apesar de estabelecer como regra geral que todas as coisas cuja concepção se impõe através da clareza e distinção são todas verdadeiras, Descartes ainda dialoga com a possibilidade de que até mesmo estas escapem à certeza, como aquelas que se inclinam à percepção dos sentidos (a terra, o céu, os astros), o conteúdo das quais, existente embora no âmbito do espírito, não assinala, porém, que aquilo que há na esfera da exterioridade do eu se impõe como a raiz de uma ideia, perfazendo, nessa perspectiva, uma relação de absoluta semelhança entre ambas (coisa e ideia), leitura que esconde, no tocante ao processo de construção do conhecimento, o verdadeiro engano.

Recorrendo, no entanto, ao âmbito da Aritmética e da Geometria, cujos casos se impõem como inquestionáveis, emergindo através de ideias claras e distintas, verdadeiras, pois, a dúvida proposta guarda correspondência, segundo Descartes, com a possibilidade da própria natureza do eu se inclinar ao engano, carregando tal tendência, ou mesmo, antes, do soberano poder de um Deus sujeitar à ilusão o pensamento no processo de construção do conhecimento, o fato é que

> ainda assim jamais poderá fazer que eu nada seja enquanto eu pensar que sou algo; ou que algum dia seja verdade que eu não tenha jamais existido, sendo verdade agora que eu existo; ou então que dois e três juntos façam mais ou menos do que cinco, ou coisas semelhantes, que vejo claramente não poderem ser de outra maneira senão como as concebo.[40]

---

[40] Descartes, 1996, p. 279.

Se o *Cogito* se impõe, nessa perspectiva, como o único fundamento para a ciência, a razão da dúvida que traz como argumento a existência de um Deus enganador, caracterizada pela fragilidade - e circunscrita embora às fronteiras da metafísica -, demanda, sem prejuízo da "cadeia das razões" instaurada, uma investigação que se detenha tanto na questão que envolve a possibilidade de haver um Deus como no problema da condição de que este Deus não seja enganador, formulando provas que reclamam fundamentos que não escapem aos dados que porventura estejam no âmbito do referido processo.

Os direitos da razão e a sua autoprodução entre o sistema de conhecimento de Descartes, o projeto crítico de Kant e o *idealismo absoluto* de Hegel    Luiz Carlos Mariano da Rosa

## II PARTE

## DA INVESTIGAÇÃO DAS IDEIAS E O SEU VALOR OBJETIVO NA EXPERIÊNCIA DO *COGITO*: A CONSCIÊNCIA DA FINITUDE E O PRINCÍPIO DE CAUSALIDADE COMO BASE DA IDEIA DE PERFEIÇÃO

Quando posteriormente o pensamento passa em revista as diversas ideias ou noções que estão em si aí encontra a noção de um ser onisciente, todo-poderoso e extremamente perfeito [e facilmente julga, através do que apreende em tal ideia, que Deus, que é esse Ser todo perfeito, é ou existe: com efeito, embora o pensamento possua distintas ideias de muitas outras coisas, não encontra nada que o certifique da existência do seu objeto] e observa nessa ideia não-somente uma existência possível, mas absolutamente necessária e eterna.[41]

Detendo-se na investigação dos pensamentos, Descartes primeiramente os distingue em gêneros, procurando identificar os indícios de verdade ou erro, definindo os pensamentos que se impõem propriamente sob a acepção de ideia, os quais emergem como as imagens

---

[41] Descartes, 1997, p. 32.

das coisas (que envolve o processo de representação), acenando para o horizonte da função da ideia, além dos pensamentos que carregam outras formas, que implicam uma determinada ação (querer, temer, afirmar ou negar) que se correlaciona à ideia que se refere a uma coisa, convergindo, enfim, para o âmbito das fronteiras das vontades ou afecções, e outros juízos, e perfazendo uma classificação que possibilita a organização de dois grupos, a saber: o primeiro, abrangendo as ideias, e o segundo, reunindo os conteúdos que trazem o acréscimo de uma ação do espírito às ideias.

As ideias, por si próprias, escapando à qualquer tipo de relação que as envolva, não se inclinam à falsidade, propriamente, guardando os conteúdos que encerram confiabilidade à medida que, independentemente do objeto do pensamento, se é uma cabra ou uma quimera, como explica Descartes, "não é menos verdadeiro que eu imagino tanto uma quanto a outra"[42]. Tal perspectiva se

---

[42] Descartes, 1996, p. 280.

aplica também às afecções ou vontades, pois jamais é menos verdade o seu desejo, ainda que este remeta às coisas más, ou mesmo inexistentes, excluindo-se os juízos desta leitura, à medida que, embora enquanto conteúdos de pensamento sejam tão certos como os outros, o erro consiste no julgamento de que há uma relação de semelhança ou conformidade entre as ideias que se impõem à minha interioridade e as coisas que se mantém em minha exterioridade, ou seja, refere-se à afirmação ou à negação infundada de que o conteúdo da ideia corresponde a uma realidade fora dela, ou ainda, prescindindo do exame prévio relacionado ao conteúdo de uma ideia, envolve a afirmação ou a negação de que o conteúdo em questão ("realidade objetiva") detém um valor objetivo.

"Ora, destas ideias, umas me parecem ter nascido comigo, outras ser estranhas e vir de fora, e as outras ser feitas e inventadas por mim mesmo"[43]. Entendendo-se por ideias tudo o que está presente no espírito, tudo o que o

---

[43] Descartes, 1996, p. 281.

nosso espírito concebe, Descartes encontra as ideias *adventícias* (ou sensíveis), que se impõem através do exterior, e as ideias *factícias* (inventadas, como a ideia de quimera), além daquelas que não vêm por intermédio dos sentidos e da experiência, as *ideias inatas*, que estão "naturalmente nas nossas almas", emergindo como naturezas verdadeiras e imutáveis, germes de verdade, em suma.

Detendo-se, no âmbito da investigação das ideias que aparentemente se impõem através dos objetos localizados na exterioridade do eu e nas razões que emergem estabelecendo uma relação de semelhança entre ambos (ideias e objetos), Descartes obtém uma conclusão que, baseada no ensino da natureza, primeiramente, e na independência que as ideias supostamente guardam em face da intervenção da vontade, converge para a impossibilidade da aplicação de confiança na inclinação que propõem. Isso ocorre em virtude de que se o ensino da natureza encerra a acepção de instinto pretensamente "natural", não supõe senão a tendência ou propensão para alguma coisa, não correspondendo à luz natural, que carrega a capacidade de estabelecer a distinguibilidade entre o verdadeiro e o falso. E no que se refere à independência que as ideias supostamente guardam em face da intervenção da vontade, se há possibilidade acerca da existência de uma faculdade ou poder capaz de engendrar a produção dessas ideias, não se trata de uma consequência necessária a correspondência entre ambas, a semelhança entre as ideias e as coisas que, se lhes guardando condição de exterioridade, supostamente as originam.

Nessa perspectiva, pois, supondo que a origem das ideias corresponda aos objetos que se impõem através da exterioridade do eu, Descartes elimina a possibilidade envolvendo uma relação de semelhança entre ambos, transpondo a "via" do senso comum à medida que a sua leitura assinala que o juízo concernente à origem (X é causa de Y) não serve como um fundamento que possibilite, de forma alguma, o exercício do juízo em relação ao valor objetivo (Y assemelha-se a X).

Detendo-se apenas nas ideias, as quais, na acepção que envolve determinadas formas de pensar, não se impõem entre si à qualquer diferença ou desigualdade, como imagens, no entanto, guardam diferencializações relevantes, segundo Descartes, pois

> aquelas que me representam substâncias são, sem dúvida, algo mais e contêm em si (por assim falar) mais realidade objetiva, isto é, participam, por representação, num maior número de graus de ser ou de perfeição do que aquelas que representam apenas modos ou acidentes.[44]

Se a diferença entre os conteúdos, escapando à designação que a circunscreve aos conteúdos mesmos, enquanto tais, envolve antes os seus graus de ser ou de perfeição, a qual, nessa leitura, assinala um bem que, pertencendo, pois, ao ser, se se lhe impõe naturalmente possuir, conforme o objeto representado, Descartes recorre ao princípio de causalidade[45], cujo valor se impõe tanto no

---

[44] Descartes, 1996, p. 283.

[45] "O raciocínio cartesiano supõe o que se pode designar como o princípio da 'não-inferioridade' da causa – segundo este princípio, a causa de algo que possui um determinado grau de perfeição deve ter perfeição igual ou superior à da coisa causada em questão (...). Por que este princípio seria verdadeiro? Ao que parece, Descartes pressupõe,

caso de uma "realidade atual ou formal" quanto no caso de uma "realidade objetiva". Dessa forma, à medida que examina as ideias, inclusive as que carregam clareza e distinção, procurando alguma dentre estas que porventura apresente um valor objetivo, Descartes não encontra senão a ideia de Deus, que contém um máximo de realidade objetiva, remetendo necessariamente a uma causa que conterá, no mínimo, um máximo absoluto de realidade formal.

Nessa perspectiva, pois, se a investigação em questão converge para as fronteiras da ideia de Deus, a descoberta do valor objetivo que esta detém acena para o horizonte da primeira prova da existência de Deus pelos efeitos, cuja verdade se impõe ao *Cogito* invalidando o poder do Grande enganador à medida que Deus se torna a garantia quanto à

---

implicitamente, um modelo de causalidade no qual as causas passam ou transmitem propriedades aos efeitos, dizendo-se então que estes extraem suas características das causas. E isso por sua vez pressupõe que há certos tipos de relação de semelhança entre causas e efeitos – nos termos da máxima tradicional à qual, segundo consta, Descartes ter-se-ia reportado em tom aprovativo: 'o efeito se assemelha à causa' (...)." (Cottingham, 1995, p. 28)

veracidade das ideias claras e distintas, tendo em vista que a leitura cartesiana mostra que a noção do infinito se sobrepõe à do finito, motivo pelo qual há possibilidade do conhecimento que envolve a dúvida e o desejo, que guardam relação com a ausência de algo e com a exclusão da perfeição, tanto quanto, antes, com a comparação da natureza humana com um ser mais perfeito ao qual remete.

Contrapondo-se ao argumento de que a intelecção do infinito emerge através da negação da limitação, pois esta, que estabelece a diferencialização envolvendo o finito daquele é não-ser ou negação do ser, que jamais encerra a possibilidade de produzir o conhecimento do que é, Descartes defende a clareza e a distinção desta ideia que contém em si mais realidade objetiva do que qualquer outra, não havendo "nenhuma que seja por si mais verdadeira nem que possa ser menos suspeita de erro e de falsidade"[46].

À possibilidade de supor a inexistência de um tal ser,

---

[46] Descartes, 1996, p. 290.

de acordo com a leitura em questão, se impõe a incapacidade de fingir que a sua ideia não representa nada de real, convergindo para a conclusão de que tudo o que o espírito concebe clara e distintamente de real e de verdadeiro, alguma perfeição contendo em si, circunscreve-se inteiramente a essa ideia, ainda que não haja compreensibilidade quanto ao infinito, cuja natureza escapa ao finito e limitado, tornando-se, pois, para este, inapreensível, enfim.

A questão que envolve a possibilidade do ser existir por si, na qual Descartes se detém então, acena para a compreensão de que, se assim fosse, todas as coisas que se mantêm contidas na ideia de Deus participariam da natureza que o concebe, hipótese que se impõe como absurda à medida que há mais dificuldade quanto a criação de uma substância (mesmo finita) do que em relação à atribuição de perfeições que jamais são algo exceto acidentes, de maneira que se não há condições de que as perfeições que o pensamento carrega sejam produzidas se tornar o autor do próprio ser tampouco cabe ao princípio ora aplicado.

Se a própria possibilidade da existência do ser sem causa é invalidada pela perspectiva que envolve a descontinuidade e a independência dos momentos do tempo, pois implicam a necessidade que demanda a sua conservação, em cada instante, através de uma causa, tendo em vista a leitura que traz como fundamento que o eu não é nada mais do que uma coisa pensante, que assinala, em suma, que uma substância reclama, em função da necessidade de se manter no decorrer do tempo (durante), o mesmo poder e a mesma ação, necessário para produzi-la e criá-la de novo, convergindo para a conclusão da dependência em relação a algum ser diferente, que, existindo por si – e impondo-se necessariamente que deve causar-se com todas as perfeições de que tenho ideia –, não pode ser outro senão Deus.

Nessa perspectiva, pois, concebendo como uma das principais perfeições que se impõem a Deus a unidade, a simplicidade ou a inseparabilidade de todas as coisas existentes nele, que permanece inter-relacionada à mesma

Os direitos da razão e a sua autoprodução entre o sistema de conhecimento de Descartes, o projeto crítico de Kant e o *idealismo absoluto* de Hegel    Luiz Carlos Mariano da Rosa

causa que encerra as ideias de todas as outras perfeições, Descartes demonstra a existência de Deus, ideia cuja aquisição escapa aos sentidos, tanto quanto à pura produção ou ficção do espírito, não havendo alternativa senão considerá-la como inata, tal como a ideia de si, pois nasce e é produzida com o ser desde o momento da criação.

Detendo-se na questão do valor objetivo das ideias, tanto quanto no princípio de causalidade, que encerra a noção de que não há possibilidade de existir maior realidade objetiva no efeito do que na causa, leitura que indica que se ao infinito cabe a possibilidade de produção da sua própria ideia ao pensamento do infinito o que se impõe necessariamente não é senão uma causa infinita da qual emerge então como expressão, a investigação cartesiana, à medida que põe Deus como causa de si, autor do ser e soberanamente perfeito, converge para a conclusão que assinala a sua existência, primeiramente, e, consequentemente, a impossibilidade de que seja enganador.

Às coisas corporais (sensíveis ou imagináveis)

Descartes impõe aquelas que são puramente inteligíveis, cujo conhecimento alcança uma possibilidade que escapa àquelas, tornando-se a ideia que envolve o espírito humano mais distinta do que qualquer outra que porventura guarde relação com os sentidos, emergindo Deus, nesse contexto, como um ser cuja possibilidade de conhecer se sobrepõe ao próprio Eu pensante, tendo em vista que, remetendo à incompletude e à dependência, a dúvida demanda a completude e a independência que somente Deus encerra, a ideia do qual se expõe, então, trazendo distinção e clareza, a despeito da incompreensibilidade que carrega.

## III PARTE

## DO FUNDAMENTO METAFÍSICO DO ERRO: A CONTRADIÇÃO ENTRE A LIBERDADE INFINITA E O ENTENDIMENTO FINITO

Convergindo, pois, para as fronteiras que interseccionam duas teses aparentemente contraditórias, aquela que envolve a ideia de que a criação do ser se impõe a um Deus que escapa à condição de enganador, posto que perfeito, e aquela que indica a possibilidade da sujeição do ser ao erro e à inclinação ao mal, Descartes recorre, à medida que pretende garantir o conhecimento das outras coisas do Universo através do horizonte da veracidade de Deus, à justificativa que apela à inter-relação no pensamento de uma ideia real e positiva de Deus (perfeição) e uma certa ideia negativa do nada (não-ser), das quais participa, enfim, não descobrindo nenhuma causa de erro ou falsidade, segundo a primeira, mas, de acordo com a segunda, exposto a uma infinidade de faltas.

Escapando, no entanto, à perspectiva que define a

existência do erro como simples falta de ser, Descartes procura uma explicação que corresponda aos princípios do referido raciocínio, concluindo que, mais do que uma negação, ele se impõe como uma privação, tratando-se, pois, de uma "imperfeição positiva", que possibilita, então, uma justificativa que dialoga com a incompreensibilidade de Deus, trazendo como fundamento a questão ora proposta: "E por certo não há dúvida de que Deus só pode me ter criado de tal maneira que jamais eu pudesse enganar-me; é certo também que ele quer sempre aquilo que é o melhor: ser-me-á, pois, mais vantajoso falhar do que não falhar?"[47].

À questão que envolve a perfeição das obras de Deus, Descartes impõe o argumento que acena para a impropriedade da perspectiva que se detém na leitura de uma única criatura separadamente, tendo em vista que a percepção da imperfeição que porventura emerge desta somente se circunscreve ao âmbito da verdade em relação àquele que a prescreve, escapando, portanto, ao exame que

---

[47] Descartes, 1996, p. 299.

implica a totalidade, o conjunto do Universo, diante do qual o que parece imperfeito não o é, mas apresenta-se perfeito em sua natureza.

Nessa perspectiva, pois, investigando os erros cuja existência não se impõe senão como testemunho da sua própria imperfeição, Descartes os relaciona a duas causas, a saber, o poder de conhecer (entendimento) e o poder de escolher (livre-arbítrio, vontade), faculdades às quais recorre a fim de mostrar que não há nenhuma privação que, por assim dizer, advenha de Deus, no sentido que remete à "uma imperfeição em Deus, pois se não há razão alguma que possa provar que Deus devesse conferir mais capacidade ao entendimento (diante do qual emergem coisas incognoscíveis de direito), a questão do livre-arbítrio tampouco a demanda, tendo em vista a infinidade da vontade que, evocada quanto à grandeza primeiramente, define a semelhança humana com Deus à medida que se constitui, em ambos, um poder de caráter absoluto envolvendo o sim e o não.

Se o poder da vontade não traz em si a causa dos

erros, que escapam também ao âmbito do entendimento, posto que a concepção que se impõe através deste não se desenvolve senão como necessária, qual é, pois, a sua origem, afinal?

> A saber, somente de que, sendo a vontade muito mais ampla e extensa que o entendimento, eu não a contenho nos mesmos limites, mas estendo-a também às coisas que não entendo; das quais, sendo a vontade por si indiferente, ela se perde muito facilmente e escolhe o mal pelo bem ou o falso pelo verdadeiro. O que faz com que eu me engane e peque.[48]

Eis o mecanismo do erro, cuja possibilidade se detém na "indiferença" da vontade que, embora fundamentalmente "indiferente", expressa-se sobre aquilo que, inteira ou suficientemente, escapa ao entendimento, constituindo-se, nessa perspectiva, "privação", pois envolve a formulação de um juízo diante de uma coisa que ainda não se impõe com suficiente clareza e distinção, tendo em vista que supõe a garantia do que não é verdadeiro[49].

---

[48] Descartes, 1996, p. 303.

[49] Tese que remete à doutrina que emerge do pensamento de Ockham, que afirma que "o assentimento da vontade deve necessariamente

Se a privação, que constitui a forma do erro, guarda correspondência com o mau uso do livre-arbítrio, não se impõe senão atrelada à operação que procede do ser, escapando, nesse caso, ao âmbito do poder que em si carrega tal como concedido por Deus e na medida que ela depende dele, emergindo como "imperfeição", sim, de modo algum embora produzida por Deus, pois, se de acordo com a perspectiva do ser trata-se de "privação" ou "imperfeição positiva", segundo a perspectiva de Deus não se detém senão nas fronteiras que encerram negação ou limitação.

> Quanto à privação, que consiste na única razão formal do erro e do pecado, não tem necessidade de nenhum concurso de Deus, já que não é uma coisa ou um ser e que, se a relacionamos a Deus como à sua causa, ela não deverá ser chamada privação mas somente negação, segundo o significado que se atribui a essas palavras na Escola.[50]

---

seguir-se à evidência intuitiva dos primeiros princípios da demonstração, ou das verdades empíricas ou conclusões das demonstrações; por outro lado, pode se dar assentimento ao que é desprovido de qualquer evidência; nesses casos, determina-se a possibilidade de erro." (Abbagnano, 2007, p. 343, grifo do autor)

[50] Descartes, 1996, p. 305.

Se Deus poderia efetivamente impossibilitar a emergência do erro na natureza humana, conservando embora a sua liberdade e o seu conhecimento limitado, à medida que conferisse ao entendimento uma clara e distinta inteligência das coisas que se impõem à deliberação, ou então se houvesse atribuído à memória a capacidade de resolução no sentido de jamais exercer um juízo acerca de alguma coisa que escapa à clareza e à distinção, a permissão dos defeitos não o culpabiliza, segundo Descartes, que recorre às relações que envolvem o todo e as partes, acenando para o horizonte dos fins, embora impenetráveis.

Reter a vontade, circunscrevendo-a ao âmbito do conhecimento que ora se impõe, escapando à formulação de juízos que não se incline senão sobre as coisas que emergem no entendimento sob o horizonte da clareza e da distinção, cuja concepção encerra algo de real e positivo, não havendo possibilidade de que traga o nada como fundamento mas Deus, ser soberanamente perfeito, eis a conclusão para a qual, à medida que investiga a causa das falsidades e dos erros, Descartes converge, sintetizada pela leitura que mostra que as ideias claras e distintas têm um valor objetivo imediatamente certo. Detendo-se no exame da essência das coisas materiais, Descartes primeiramente procura estabelecer diferenciação, dentre as ideias que as trazem, aquelas que carregam distinção daquelas que são confusas, inclinando-se então sobre a "quantidade contínua", que abrange a extensão, largura e profundidade, além das partes diversas que se impõem à enumeração, cada uma das quais encerrando, por sua vez, grandezas, figuras, situações e movimentos (sujeitos a toda espécie de duração). Tais coisas se dispõem ao conhecimento como distintas não só através de uma leitura que as mantém sob o âmbito geral, mas também diante daquela que as investiga de modo particularizado, procedimento que possibilita, enfim, a concepção de uma infinidade de especificidades referentes aos números, às figuras, aos movimentos, que à medida que emergem como verdade trazem tanta evidência que não acenam senão para a conclusão de que tal percepção envolve aquilo que o espírito já encerrava em si, guardando a descoberta em questão o sentido de recordação.

Nessa perspectiva, pois, Descartes destaca as ideias das coisas que, embora talvez escapem à qualquer tipo de existência no âmbito exterior ao pensamento, se impõem a este, não havendo possibilidade de que sejam reduzidas a nada, pois detêm naturezas verdadeiras e imutáveis, caracterizando-se como independentes do espírito, não passíveis de simulação e invenção, como o demonstra o caso do triângulo, objeto da referência da investigação em questão, que converge para a noção de que "as ideias das essências matemáticas não são, portanto, simuladas nem provenientes do sensível", correspondendo, em suma, enquanto detentoras de clareza e distinção, a algo.

Diante do valor objetivo das ideias claras e distintas, Descartes impõe a questão que envolve a existência de Deus, que, "legível em sua essência", não detém menos certeza do que as verdades matemáticas, mas tampouco o é mais, mantendo-se no mesmo plano dessas verdades essenciais que escapam à dúvida natural, tendo em vista que, caracterizando ambas, trata-se de um tipo idêntico de certeza, a saber, espontânea e ingênua, que emerge configurando a condição de inseparabilidade que determina a relação que envolve, nessa perspectiva, essência e existência.

(...) quando penso nisso com maior atenção, verifico claramente que a existência não pode ser separada da essência de Deus, tanto quanto da essência de um triângulo retilíneo não pode ser separada a grandeza de seus três ângulos iguais a dois retos ou, da ideia de uma montanha, a ideia de um vale; de sorte que não sinto menos repugnância em conceber um Deus (isto é, um ser soberanamente perfeito) ao qual falte existência (isto é, ao qual falte alguma perfeição), do que em conceber uma montanha que não tenha vale.[51]

Se, no tocante a análise em questão, recorrendo à exemplificação da leitura que envolve Deus (com existência) e montanha (com vale), Descartes conclui que o pensamento não impõe às coisas qualquer tipo de necessidade, tendo em vista a possibilidade da construção de um cavalo alado através da imaginação, ainda que não haja nenhum que exista dessa forma, objeção que não se justifica, porém, tornando-se improcedente à medida que a

---

[51] Descartes, 1996, p. 312.

impossibilidade de se conceber uma "montanha sem vale" não serve como confirmação quanto à sua existência como tal, mas somente como condição da inseparabilidade de ambos, a montanha e o vale, no caso, tanto quanto em relação a Deus e a existência.

"Pois não está em minha liberdade conceber um Deus sem existência (isto é, um ser soberanamente perfeito sem uma soberana perfeição), como me é dada a liberdade de imaginar um cavalo sem asas ou com asas"[52]. Se a concepção de que a Deus, ser soberanamente perfeito, se impõe necessariamente a existência, reconhecida, nessa leitura, como perfeição, não é senão, no tocante à ideia de Deus, uma essência que se lhe guarda correspondência, convergindo para a inseparabilidade de ambas, a saber, essência e existência, à medida que se sobrepõe ao sentido de representação, perfazendo uma relação que traz a emergência de uma essência necessária, não se detendo nas fronteiras que encerram a noção que implica uma

---

[52] Descartes, 1996, p. 313.

existência em ideia circunscrita ao pensamento.

À ideia de Deus, segundo Descartes, o que se impõe não é senão uma condição que a encerra como a primeira e principal no que concerne aquelas que emergem como inatas, convergindo para a sua caracterização como o fundamento da certeza de todas as outras coisas, inclusive das essências matemáticas, à medida que emerge como algo que por si contém tanta evidência, clareza e distinção que chega a abranger a existência necessária ou eterna, tendo em vista que em nenhuma outra concepção a existência pertence necessariamente à essência, como nesta, que envolve Deus, e não mais do que um que, implicando a noção da eternidade, dialoga com a anterioridade, tanto quanto com o futuro, detendo uma infinidade de atributos que, afinal, escapam à possibilidade de diminuição ou mudança.

Nessa perspectiva, pois, Descartes mostra que se a clareza e a distinção se impõem configurando uma compreensão que, no tocante a uma determinada coisa, se inclina para o campo da verdade, a natureza humana carrega a possibilidade de perder a referencialidade das razões que acenam para tal horizonte, tornando-se capaz de se deter nas fronteiras de outras que porventura se exponham, convergindo para a mudança de opinião, caso o conhecimento da existência de Deus não se impusesse como fundamento, sem o qual jamais haveria uma ciência verdadeira e certa, mas somente opiniões vagas e inconstantes.

## IV PARTE

## DO PROBLEMA DA EXISTÊNCIA DAS COISAS MATERIAIS E O RECONHECIMENTO DA SUA POSSIBILIDADE

À questão que envolve a existência das coisas materiais, Descartes impõe o reconhecimento da sua possibilidade, que guarda relação com a emergência das ideias claras e distintas envolvendo as suas essências, escapando à dúvida o poder de Deus no tocante à produção de tudo quanto se detém no âmbito da capacidade humana conceber com distinção, inclusive porque o exame da imaginação acena para o horizonte da probabilidade, tendo em vista que a operação que desenvolve se inclina para um corpo que se expõe como intimamente presente, existente, portanto.

Demonstrando, através das exemplificações que envolvem do triângulo ao quiliógono, além do pentágono, comparando as suas figuras, a finitude da imaginação (que demanda contenção de espírito) e a "infinitude" do entendimento (pura intelecção), Descartes se detém na diferencialidade que emerge entre ambas, convergindo para a conclusão de que a faculdade de imaginar não se impõe de modo algum como necessária à natureza humana (ou à essência do espírito), pois caracteriza-se como dependente de algo que guarda diferenciação em relação ao espírito. Tal indício, embora sirva como prova da existência dos corpos, demanda, enfim, para alcançar a condição de explicação verdadeira, uma comprovação que por ora escapa, mas para a qual a investigação em questão acena, à medida que a análise da sensação se põe, dialogando com as coisas expostas à apreensão dos sentidos, especificamente sob o horizonte que encerra o eu unido a um corpo[53]. Tal corpo,

---

[53] Conforme esclarece Descartes, que afirma: "E concebo facilmente que, se algum corpo existe ao qual meu espírito esteja conjugado e unido de tal maneira que ele possa aplicar-se a considerá-lo quando lhe aprouver, pode acontecer que por este meio ele imagine as coisas corpóreas: de sorte que esta maneira de pensar difere somente da pura intelecção no fato de que o espírito, concebendo, volta-se de alguma forma para si mesmo e considera algumas das ideias que ele tem em si; mas, imaginando, ele se volta para o corpo e considera nele algo de conforme a ideia que formou de si mesmo ou que recebeu pelos sentidos." (Descartes, 1996, p. 321)

nessa perspectiva, possibilita o curso das ideias que carregam as qualidades sensíveis, tornando-as as únicas que própria e imediatamente se oferecem ao sentir, de acordo com os seguintes motivos: a "coerção", "vivacidade particular das ideias sensíveis", o grau de importância aparente das ideias sensíveis, a inseparabilidade do próprio corpo (se comparado com a condição em relação aos demais), a capacidade de sentir afecções e apetites (por intermédio do corpo, do qual assim se constrói a sua noção), a possibilidade de sentir prazer e dor (que guarda dependência quanto às partes do corpo), o vínculo estabelecido entre a fisiologia e a alma (contrações do estômago e fome).

Examinando da capacidade de sentir afecções e apetites à possibilidade de sentir prazer e dor, além do vínculo estabelecido entre a fisiologia e a alma, Descartes se detém nas relações que envolvem o sentimento de dor e a tristeza do espírito, o sentimento de prazer e a alegria, a emoção do estômago (fome) e a vontade de comer, a secura da garganta e o desejo de beber, diante das quais não se impõe outra razão senão que trazem o ensinamento da natureza como fundamento, tendo em vista a inexistência de qualquer compatibilidade ou correspondência entre os fenômenos em questão. Tal leitura assinala que esta explicação serve também para todas as demais coisas que se inclinam, no tocante aos objetos dos sentidos, ao juízo, pois a sua formulação forma-se antes da consideração de quaisquer razões que porventura possam engendrá-lo, não se tratando senão de "pré-juízos", sob cujo horizonte encerra todas as experiências dos sentidos à medida que recorre ao argumento do sonho, que as desestrutura através da dúvida, insinuando, nessa perspectiva, a hipótese de uma faculdade que seja capaz de produzir as ideias sensíveis.

O conhecimento da existência de Deus, no entanto, como um ato produtivo que não pode deixar de guardar relação com todas as coisas que se impõe com clareza e distinção ao pensamento, possibilita a análise dos dados sensíveis, emergindo o corpo como um deles, pois diferencializando-se da essência, "uma coisa que pensa", inextensa, impõe-se, pois, através de uma ideia distinta, "coisa extensa e que não pensa", assumindo a alma, nessa perspectiva, a condição que acena para a possibilidade de "ser ou existir sem ele". Se há possibilidade, no tocante a si, da construção de uma concepção clara e distinta sem a intervenção das faculdades de imaginar e de sentir, estas, por sua vez, dependem da substância inteligente, demonstrativo da distinguibilidade delas em relação à essência, raciocínio que permite o exame daquelas que envolvem o movimento, que demandam uma substância corpórea e extensa, segundo Descartes que, dessa maneira, estabelece a distinção dos modos das substâncias (a saber, extensa e inteligente), convergindo a sua leitura para o reconhecimento de uma sensibilidade passiva, encarregada de receber e conhecer as ideias das coisas sensíveis, que depende de uma faculdade ativa, que guarda capacidade quanto a sua formação e produção.

Ora, essa faculdade ativa não pode existir em mim enquanto sou apenas uma coisa que pensa, visto que ela não pressupõe meu pensamento, e, também, que essas ideias me são frequentemente representadas sem que eu em nada contribua para tanto e mesmo, amiúde, mau grado meu; é preciso, pois, necessariamente, que ela exista em alguma substância diferente de mim, na qual toda a realidade que há objetivamente nas ideias por ela produzidas esteja contida formal ou eminentemente (...).[54]

A faculdade em referência (ativa), demandando uma substância que escapa à essência, posto que emerge em sua exterioridade, impõe, em virtude do princípio de causalidade, ou algo mais "nobre" do que o corpo (causa eminente), ou o próprio corpo (causa formal), não restando senão a segunda opção, tendo em vista que a primeira violaria o princípio da veracidade divina. Conclusão: "E, portanto, é preciso confessar que há coisas corpóreas que existem."[55]

Nessa perspectiva, se a percepção dos sentidos caracteriza-se pela obscuridade e confusão, o valor objetivo da verdade sensível, mínimo que seja, não se esgota através da simples atestação da existência dos corpos, tendo em vista que a possibilidade que envolve a falsidade dialoga

---

[54] Descartes, 1996, p. 327.

[55] Descartes, 1996, p. 327.

com a faculdade que se impõe à devida correção, cuja constatação converge, então, para a conclusão de que a existência de Deus, que como tal não encerra engano, permite a confiabilidade quanto aos meios de conhecer as coisas com certeza.

Se às percepções dos sentidos se impõem as influências dos demais corpos que o circundam, embora o conhecimento da existência destes possa guardar relação com o ensino da natureza, tendo em vista a incorporação de alguns dados através de um juízo inconsiderado, que carrega a possibilidade da falsidade, a verdade dessas coisas somente se põe diante do espírito, escapando, pois, ao composto antes mencionado (a saber, envolvendo espírito e corpo), diante do qual os sentimentos ou percepções dos sentidos funcionam a fim de significar ao espírito a conveniência ou nocividade que em relação a ele (composto, no caso) as coisas trazem, não se constituindo como legítimo, afinal, o emprego dos dados sensíveis na construção do conhecimento.

No tocante à possibilidade da existência do erro

transmitido pelo seu ensinamento, impõe-se a conclusão de que a natureza humana não detém o conhecimento integral e universal de todas as coisas, tendo em vista a sua finitude, que não possibilita senão "um conhecimento de uma perfeição limitada", segundo Descartes, que esclarece que a expressão "minha natureza" não se restringe ao corpo material como máquina, concepção que reduz a substância composta humana ao corpo físico (ou ao animal-máquina), tornando-se incompatível com a união substancial, leitura que emerge no exame em questão convergindo para a explicação da razão pela qual Deus não impede o seu caráter falível e enganador, que não se mostra senão pela própria incompatibilidade das duas esferas que se unem, a saber, o corpo (divisível) e o espírito (indivisível), que embora se incline à constatação e descrição, escapa, enfim, à compreensibilidade.

## CAPÍTULO 2[56]

## DO PROJETO CRÍTICO KANTIANO: OS DIREITOS DA RAZÃO ENTRE A *LÓGICA DA VERDADE* E A *LÓGICA DA APARÊNCIA*

Sobrepondo uma concepção crítica envolvendo os fundamentos do saber às ontologias dogmáticas que se impõem ao trabalho que implica a apreensão das questões filosóficas, o projeto kantiano propõe o fim da filosofia como construção metafísica e a necessidade de se lhe atribuir uma tarefa teórica de caráter essencialmente genealógico e crítico, no sentido que encerra a legitimação do conhecimento racional através da análise das faculdades que se lhe estão atreladas, conforme assinala o texto, que se detém nos direitos da razão cuja legitimidade a *lógica da*

---

[56] O referido capítulo é constituído por trechos que integram o conteúdo do artigo intitulado *Do projeto crítico kantiano: os direitos da razão entre a lógica da verdade e a lógica da aparência*, publicado pela **Revista Opinião Filosófica**, ISSN 2178-1176, v. 5, n. 2, p. 85-109, 2014, pela **Revista Studia Kantiana**, ISSN 2317-7462, n. 17, p. 5-26, dez. 2014, e pela **Revista Cadernos do PET Filosofia**, ISSN 2178-5880, v. 6, n. 12, p. 76-91, jul./dez. 2015.

*verdade* reconhece e cuja ilegitimidade a *lógica da aparência* denuncia, convergindo para as fronteiras que encerram a possibilidade da construção do conhecimento científico, à medida que, tornando o entendimento o legislador universal da natureza e circunscrevendo a utilização das categorias aos limites da experiência possível, propõe as condições necessárias para fundá-lo sobre os juízos sintéticos *a priori*.

# I PARTE

## DA *LÓGICA DA VERDADE* E OS DIREITOS LEGÍTIMOS DA RAZÃO

Lógica pura ou lógica aplicada, eis as perspectivas identificadas pela investigação kantiana no tocante à lógica geral à medida que mantém o pensamento imune às condicionalidades empíricas que porventura possam emergir como causas de determinados conhecimentos, detendo-se, no primeiro caso, no horizonte dos princípios puros *a priori*, que se impõe, sob tal leitura, como um "cânone do entendimento e da razão" em relação ao que há de formal no seu uso, independentemente do conteúdo (empírico ou transcendental), enquanto que o segundo caso se configura diante das regras de utilização do entendimento nas condições empíricas subjetivas para as quais acena a psicologia[57].

Se apenas a lógica pura se impõe como ciência, Kant

---

[57] *KrV*: A 53.

esclarece que como lógica geral não guarda referência senão somente com a simples forma do pensamento, não detendo também princípios empíricos, visto que, sob a acepção de doutrina demonstrada, tudo nela tem de estar inteiramente certo *a priori*, emergindo a lógica aplicada como uma representação do entendimento e das regras da sua utilização necessária em face das condições contingentes do sujeito, o que a impede de se constituir uma ciência verdadeira, atrelada que está a princípios empíricos e psicológicos[58].

> Aquilo a que dou o nome de Lógica Aplicada (...) é uma representação do entendimento e das regras do seu uso necessário in concreto, ou seja, sob as condições contingentes do sujeito, que podem impedir ou fomentar este uso e que são todas elas dadas só empiricamente. Trata da atenção, seus obstáculos e consequências, da origem do erro, do estado de dúvida, de escrúpulo, de convicção, etc.[59]

Abstraindo totalmente o conteúdo do conhecimento, a lógica geral, separando o objeto de qualquer relação que o

---

[58] *KrV*: A 54 / B 79 – A 55.

[59] *KrV*: A 54 / B 78 – B 79.

envolva, se detém na forma do pensamento em geral (forma lógica na relação dos conhecimentos entre si), convergindo a leitura kantiana, à medida que à estética transcendental se impõe um horizonte que assinala a existência de intuições puras e intuições empíricas, para a distinção entre pensamento puro e pensamento empírico dos objetos, cuja possibilidade, se emerge no primeiro caso através de uma lógica que, excluindo todos os conhecimentos de conteúdo empírico, acena para a origem do conhecimento dos objetos, que escapa ao âmbito da lógica geral, inclinada somente à forma do entendimento em relação às representações, independentemente de sua origem, no segundo caso demanda uma lógica que não chegue a abstrair totalmente o conteúdo do conhecimento[60].

Significando possibilidade ou uso *a priori* do conhecimento, "transcendental", segundo a leitura de Kant, guarda relação com o conhecimento que se ocupa não tanto de objetos, quanto dos nossos conceitos *a priori* de

---

[60] KrV: A 55 / B 80 – A 56.

objetos, em cuja perspectiva, pois, tanto o espaço como qualquer determinação geométrica *a priori* dele escapam ao horizonte das representações transcendentais, circunscrevendo-se aquele sentido (no caso, transcendental) somente ao reconhecimento da origem não-empírica destas representações, à medida que acena para a referência *a priori* a objetos da experiência, carregando o uso do espaço em relação a objetos em geral o caráter em questão, embora se imponha como empírico se converge tão somente para o campo dos objetos dos sentidos, restringindo-se a diferenciação entre ambos (transcendental e empírico) às fronteiras da crítica dos conhecimentos, não alcançando a inter-relação que envolve estes e o objeto[61].

A possibilidade quanto à existência de conceitos que, não como intuições puras ou sensíveis, mas como atos do pensamento puro, guardem referência *a priori* com objetos, escapando à origem empírica ou estética, eis o fundamento que se impõe à uma ciência do entendimento puro e do

---

[61] *KrV*: A 56 / B 81 – A 57.

conhecimento da razão que acene para um horizonte de pensamento que envolva objetos totalmente *a priori*, determinando a origem, o âmbito e o valor objetivo desses conhecimentos, ciência que Kant designa como lógica transcendental[62]).

Detendo-se na questão que envolve a verdade, se a sua definição remete à concordância de um conhecimento com o seu objeto, a distinção deste em relação a outros se impõe, emergindo como falso um conhecimento que, embora contenha algo que possa valer para outros objetos, não corresponda a tal parâmetro, tornando-se um critério geral da verdade, nessa perspectiva, como um horizonte capaz de carregar um valor para todos os conhecimentos, independentemente dos seus objetos, leitura que, à medida que abstrai-se totalmente o conteúdo do conhecimento (matéria) - ao qual refere-se precisamente a verdade -, converge para as fronteiras da impossibilidade, tendo em

---

[62] *KrV*: A 57 / B 82.

vista que perfaz uma contradição em si mesma.[63]

Se quanto à matéria não se impõe nenhum critério geral da verdade do conhecimento, a sua forma não escapa à construção do referido horizonte, que acena para as regras gerais e necessárias do entendimento, emergindo na inter-relação destas tais critérios que, no caso, se circunscrevem apenas à forma da verdade, que envolvem, em suma, o pensamento em geral, sendo, nessa perspectiva, certos, embora insuficientes, tendo em vista que a adequação de um conhecimento à forma lógica não exclui a possibilidade de guardar contradição com o objeto, tornando-se o critério puramente lógico da verdade, a saber, a concordância envolvendo um conhecimento e as leis gerais e formais do entendimento e da razão, pois, uma *conditio sine qua non*, convergindo, em suma, para as fronteiras que encerram, no que concerne à toda a verdade, uma condição negativa[64].

Nessa perspectiva, se ao trabalho formal do

---

[63] *KrV*: A 58 / B 83 - A 59.

[64] *KrV*: A 59 / B 84 - A 60.

entendimento e da razão se impõe à decomposição nos elementos da lógica geral, que emergem como princípios da apreciação lógica do conhecimento, não é outra a denominação que cabe a esta parte da lógica senão, pois, analítica, à medida que se inclina a avaliar através destas regras o conhecimento quanto à sua forma antes da investigação do seu conteúdo, que, em suma, não deixa de se constituir insuficiente no tocante à verdade material (objetiva), escapando o horizonte que envolve as leis lógicas à possibilidade de fundamentar a formulação de juízos sobre os objetos independentemente de qualquer campo, tentação à qual se inclina sob a acepção de uma arte que, propondo aos conhecimentos a forma do entendimento, pretende abrangê-los todos, convergindo para as fronteiras da produção de afirmações objetivas, embora não seja mais do que um cânone para julgar essa lógica geral que, no sentido de *órganon*, designa-se dialética, segundo Kant, encerrando uma *lógica da aparência*[65], tendo em vista que

---

[65] Correlacionando-a à dialética, esta sob a acepção que a identifica com um procedimento sofístico, conforme um dos significados atribuídos

nada ensina acerca do conteúdo do conhecimento, correspondendo somente às condições formais da sua concordância com o entendimento[66].

ao termo pela leitura aristotélica - na qual dialético consiste no silogismo que emerge não de premissas verdadeiras mas de premissas prováveis, geralmente admitidas, perfazendo também o silogismo erístico, que traz como origem premissas que parecem prováveis, não se configurando, contudo, como tais (Abbagnano, 2007, p. 270-271), Kant interpreta a *lógica da aparência* como uma ilusão de caráter natural e inevitável que guarda raízes nas fronteiras que encerram princípios subjetivos e se lhes impõe condição de objetivos: "Por diferente que seja o significado em que os antigos empregavam esta designação de uma ciência ou de uma arte, pode todavia deduzir-se com segurança do seu uso real, que a dialética entre eles era apenas a *lógica da aparência*, uma arte sofística de dar um verniz de verdade à ignorância, e até às suas próprias ilusões voluntárias, imitando o método de profundidade que a lógica em geral prescreve e utilizando os seus tópicos para embelezar todas as suas alegações vazias." (*KrV*: A 61 / B 86, grifos do autor)

[66] *KrV*: A 60 / B 85 - A 61 / B 86.

## II PARTE

## DO CONHECIMENTO CIENTÍFICO E A POSSIBILIDADE DOS JUÍZOS SINTÉTICOS *A PRIORI*

A possibilidade das proposições analíticas podia ser facilmente apreendida; pois, funda-se simplesmente no princípio de contradição. A possibilidade de proposições sintéticas *a posteriori*, isto é, das que são tiradas da experiência, também não precisa de uma explicação particular; pois a experiência não é senão uma contínua adição (síntese) das percepções. Restam-nos apenas proposições sintéticas *a priori*, cuja possibilidade deve ser procurada ou examinada porque ela tem de fundar-se noutros princípios diferentes do princípio de contradição.[67]

O horizonte que assinala que a possibilidade de se manter à distância do âmbito da experiência, no tocante à construção do edifício do saber, demanda que se evite um procedimento imediato carregado de conhecimentos, o modo de aquisição dos quais, tanto quanto a origem, escapem, tornando-se necessário primeiro a asseguração dos seus fundamentos, que acena para as fronteiras de uma

---

[67] *Prol.* § 5, grifos do autor.

investigação que mostre como o entendimento alcança esses conhecimentos *a priori*, além de dados como a extensão, o valor e o preço que possuem, caracterizando Kant como "natural", sob a acepção de razoável e justo, a emergência da perspectiva que a propõe, contraposta ao sentido em vigor, a saber, àquele que significa um acontecimento habitual, que justifica, pois, a omissão desta indagação.[68]

Se uma parte desses conhecimentos, dialogando com a circunscrição da matemática, corresponde ao domínio da certeza, embora emergindo através de uma natureza absolutamente diferente confere uma possibilidade semelhante àqueles que neste esfera se mantêm, principalmente em virtude do fato de que a transposição do círculo da experiência imuniza quanto à qualquer refutação que a sujeição à sua leitura implique, tendo em vista que à força do anseio de ampliação do saber somente se impõe uma contradição estruturalizada, à cuja ação destrutiva não

---

[68] *KrV*: A 3 / B 7 - A 4 / B 8.

se demanda senão uma fuga que através do processo de elaboração das ficções se impõe.⁶⁹ Se propõe um exemplo quanto ao alcance do conhecimento *a priori*, independente da experiência, a matemática se ocupa de objetos e conhecimentos que carregam a possibilidade que envolve a representação no âmbito da intuição, alcançando relevância o fato de que esta pode emergir *a priori*, não se distinguindo perfeitamente, por esse motivo, de um simples conceito puro, prova de força da razão cuja indução acarreta o impulso que tende a desconstruir os limites.⁷⁰

> A leve pomba, ao sulcar livremente o ar, cuja resistência sente, poderia crer que no vácuo melhor ainda conseguiria desferir o seu voo. Foi precisamente assim que Platão abandonou o mundo dos sentidos, porque esse mundo opunha ao entendimento limites tão estreitos e, nas asas das ideias, abalançou-se no espaço vazio do entendimento puro. Não reparou que os seus esforços não logravam abrir caminho, porque não tinha um ponto de apoio, como que um suporte, em que se pudesse firmar e aplicar as suas forças para mover o

---

⁶⁹ *KrV*: A 4 / B 8.

⁷⁰ *KrV*: A 4 / B 8.

entendimento.⁷¹

Nesta perspectiva, pois, Kant identifica o destino da razão humana, que não é outro na especulação senão concluir o seu edifício tão imediatamente quanto possa, somente dispondo-se a examinar depois os seus fundamentos, procurando toda espécie de pretextos que, convergindo para a própria persuasão, porventura assegurem a sua solidez, impedindo talvez de outra forma a referida investigação, à medida que a sua construção tende a desfazer os cuidados e suspeitas em relação ao processo engendrado, acenando para o horizonte de um aparente rigor capaz de convencimento, tendo em vista que a maior parte da atividade da razão consiste em análises dos conceitos já adquiridos dos objetos, que, se confere uma parcela de conhecimentos, esta se esgota como um arcabouço de esclarecimentos ou explicações daquilo sobre o que anteriormente os conceitos se inclinaram, abordagem que caracteriza-se, no tocante à forma, como novas

---

⁷¹ *KrV*: A 5 / B 9.

intelecções, não chegando a ampliar, quanto à matéria ou ao conteúdo, àqueles (os conceitos adquiridos), submetendo-os à decomposição tão-somente, cujo procedimento, à medida que proporciona um conhecimento real *a priori*, configura um progresso seguro e útil, convergindo para que a razão, não mantendo qualquer tipo de suspeita, empreenda a construção de afirmações de espécie totalmente diferente, a saber, acrescentando a conceitos fornecidos outros de todo alheios – por esse motivo *a priori* –, ignorando o seu processo, tanto quanto o seu questionamento[72].

A relação que se impõe entre um sujeito e um predicado envolvendo os juízos emerge através de dois modos, a saber, ou o predicado B pertence ao sujeito A como algo que está contido implicitamente nesse conceito A, ou B está totalmente fora do conceito A, conquanto em ligação com ele, denominando-se o primeiro analítico (*analytisch*), o segundo sintético (*synthetisch*), caracterizando-

---

[72] *KrV*: A 5 / B 9 - B 10.

se como fundamento daquele a identidade, que no caso deste último inexiste, convergindo, respectivamente, para as fronteiras que os assinalam como explicativos (*erläuternd*) e extensivos (*erweiternd*)[73].

Se no juízo analítico o predicado nada acrescenta ao conceito do sujeito, limitando-se a análise à sua decomposição nos conceitos parciais, o juízo sintético acrescenta ao conceito de sujeito um predicado que a ele escapa e dele não se obtém por qualquer decomposição porventura empreendida, emergindo o primeiro através do enunciado "todos os corpos são extensos", por exemplo, à medida que não se impõe como necessário ultrapassar o conceito relacionado à palavra corpo para encontrar a extensão que carrega, tornando-se suficiente a decomposição do conceito, que envolve a consciência do diverso para o qual acena o horizonte que o encerra, a fim de que este predicado seja encontrado, diferentemente do segundo que, ilustrado pelo enunciado "todos os corpos

---

[73] *KrV*: A 7 / B 11; *Prol.* § 2.

são pesados", mostra que o predicado não é compatível com o pensamento que abrange o simples conceito de um corpo em geral, demandando, pois, uma associação[74].

Nesta perspectiva, pois, os juízos de experiência caracterizam-se como sintéticos, constituindo-se como improcedente a possibilidade de estabelecer através do fundamento da experiencialidade um juízo analítico que, detendo no conceito todas as condições que o possibilitam (como no caso que encerra a proposição que mostra que "um corpo seja extenso"), dispensa aquilo que converge para que seja incluído no conceito de um corpo, por exemplo, o predicado de peso, que sempre permanece relacionado às características que o horizonte analítico propõe, como, além da extensão, a impenetrabilidade, a figura, etc., configurando tal síntese o fato que assinala que, embora não contidos um no outro, ambos pertencem, de modo contingente, um ao outro, como partes de um todo, tendo em vista que a experiência não é senão uma ligação

---

[74] KrV: A 7 / B 11; Prol. § 2.

sintética das intuições[75].

Detendo-se na questão que envolve os juízos sintéticos *a priori*, o que se impõe não é senão que, a fim de conhecer outro conceito B, relacionado àquele que importa transpor, qual é o fundamento que possibilita a síntese, se o horizonte experimental escapa, eis a questão que Kant investiga, recorrendo à proposição "tudo o que acontece tem uma causa", tendo em vista que se o horizonte do conceito de algo que acontece guarda a concepção de uma existência precedida de um tempo que a antecede, de cujo arcabouço há possibilidade quanto à emergência de conceitos analíticos, o conceito de causa caracteriza-se como distinto à medida que não se mantém nesta circunscrição, não permanecendo contido nesta representação, embora pertença indispensavelmente ao conceito em referência (a saber, abrangendo o que acontece), tornando-se imprescindível a procura da incógnita X, que sustém o entendimento no processo que o encaminha a encontrar,

---

[75] *KrV*: B 12.

nas condições dispostas nesta leitura, um predicado B fora do conceito A[76].

Se a perspectiva em questão acrescenta esta segunda representação à primeira, o faz não apenas através de uma generalidade maior do que aquela que à experiência se impõe, mas também sob a expressão da necessidade, totalmente *a priori* e por simples conceitos, convergindo para o horizonte que assinala que a finalidade última do conhecimento especulativo *a priori* acena para os princípios sintéticos (extensivos), trazendo-os como fundamento, tendo em vista que os princípios analíticos não servem senão para possibilitar a clareza de conceitos requerida para uma síntese segura e ampla como uma aquisição absolutamente nova[77].

A caracterização dos juízos matemáticos como sintéticos se impõe como uma proposição que escapa às investigações dos analistas da razão humana, segundo Kant,

---

[76] *KrV*: A 9 / B 13.

[77] *KrV*: A 10 / B 14.

que argumenta que se o raciocínio em questão se processa segundo a exigência natural que envolve qualquer certeza apodítica – a saber, o princípio de contradição (*Satz des Widerspruchs*) –, a tendência de interpretar que este último sustenta o conhecimento dos princípios daquele não corresponde, à medida que uma proposição sintética guarda a possibilidade de se manter sob o horizonte do princípio em referência, jamais em si mesma, contudo, senão somente enquanto haja a pressuposição de outra proposição sintética da qual seja deduzida[78].

Se cumpre observar que as verdadeiras proposições matemáticas se impõem sempre como juízos *a priori* e nunca empíricos, pois acenam para a necessidade, que não emerge da experiência, escapando-a, Kant, diante do não reconhecimento deste horizonte interpretativo, circunscreve a sua tese à matemática pura, cujo conceito demanda um conhecimento puro e *a priori* [79], recorrendo, nesta

---

[78] *KrV*: A 10 / B 14.

[79] "O carácter essencial do conhecimento matemático puro, que o

perspectiva, à proposição 7 + 5 = 12, que em um primeiro momento se expõe como uma expressão de caráter analítico que resulta, em virtude do princípio de contradição, do conceito da soma de sete e de cinco, emergindo, através de uma investigação mais rigorosa, a concepção de que o referido conceito nada mais contém do que a reunião dos dois números em um só, de modo algum sendo pensado qual é esse número único que reúne os dois, processo que por si não perfaz o conceito de doze, número encontrado não sem a intervenção da intuição, pois se ao conceito da soma de 7 + 5 cabe acrescentar cinco a sete, esgota-se dessa forma a simples análise, escapando à sua leitura o resultado, convergindo para a conclusão de que a proposição

---

distingue de qualquer outro conhecimento *a priori*, é que ele não deve progredir *por conceitos*, mas sempre unicamente através da construção dos conceitos (*Crítica*, p. 713). Portanto, visto que, nas suas proposições, ele deve para lá do conceito atingir o que a intuição contém de correspondente a este conceito, as suas proposições não podem e não devem jamais originar-se mediante um desmembramento dos conceitos, isto é, analiticamente, e são, pois, todas sintéticas." (*Prol.* § 4, grifos do autor)

aritmética caracteriza-se sempre como sintética[80].
Nesta perspectiva, pois, nenhum princípio de geometria pura se impõe como analítico, emergindo como sintética a proposição que assinala que a linha reta é a mais curta distância entre dois pontos, tendo em vista que o conceito de reta não contém nada de quantitativo, caracterizando-se como uma qualidade, tornando-se necessário acrescentar o conceito de "mais curta", que não se obtém através de nenhuma análise do conceito em questão (a saber, que envolve linha reta), demandando o apelo à intuição, diante da qual somente a síntese alcança possibilidade, convergindo para as fronteiras dos analíticos, estabelecidos sobre o princípio da contradição, apenas um reduzido número de princípios pressupostos pelos geômetras, os quais, não preenchendo as funções de verdadeiros princípios, servem para o encadeamento do método[81].

---

[80] KrV: B 15 / B 16, B 205; Prol. § 2.

[81] KrV: B 16; Prol. § 2.

Se os axiomas a = a (o todo é igual a si mesmo) e (a + b) > a (o todo é maior do que a parte) obtêm sua verdade através de simples conceitos, somente porque se impõem à representação na intuição são admitidos na matemática, pois deve-se à ambiguidade da expressão a consideração de que o predicado destes juízos apodíticos emerge do conceito, encontrando-se já nele, consequentemente caracterizando o juízo como analítico, pois se com efeito se impõe acrescentar a um dado conceito determinado predicado, cuja necessidade permanece atrelada aos dois conceitos, o problema, no entanto, não é saber o que se torna necessário acrescentar pelo pensamento ao conceito dado, antes o que se pensa efetivamente nele, mesmo obscuramente, tendo em vista a evidência de que o predicado se mantém sempre aderente a esses conceitos, não como pensado nele próprio (a saber, o conceito), mas mediante uma intuição que ao mesmo se requer acrescentar[82].

---

[82] *KrV*: B 17; *Prol.* § 2.

A constância da quantidade de matéria em todas as transformações do mundo corpóreo e o caráter proporcional envolvendo ação e reação no que tange à toda transmissão de movimento, eis as duas proposições que Kant utiliza como exemplo para assinalar o fundamento da necessidade, que acena para a origem *a priori*, tanto quanto o caráter sintético que carregam, à medida que se no conceito de matéria não se impõe o pensamento que envolve a permanência senão uma massa que preenche um espaço, a transposição do conceito de matéria emerge a fim de possibilitar o acréscimo de algo *a priori*, convergindo para a conclusão de que a proposição caracteriza-se não como analítica, mas sintética e, apesar disso, pensada *a priori*, constatando-se procedimento idêntico nas demais proposições da parte pura da física[83].

Se a natureza da razão humana a torna indispensável, ainda que seja considerada como uma ciência em esboço, a metafísica, segundo Kant, deve encerrar juízos sintéticos *a*

---

[83] *KrV*: B 17 / B 18.

*priori*, demandando não a simples decomposição dos conceitos formados *a priori* acerca das coisas a fim de explicá-los analiticamente, mas a pretensão que envolve a ampliação do conhecimento *a priori*, emergindo, nessa perspectiva, a necessidade quanto à assistência de princípios capazes de acrescentar ao conceito dado algo que nele não está contido e, mediante juízos sintéticos *a priori*, alcançar um horizonte com o qual nem a própria experiência pode dialogar, como o demonstra a expressão "o mundo há de ter um começo primário", convergindo para a conclusão de que a metafísica, no tocante aos objetivos que carrega, se estabelece através de puras proposições sintéticas *a priori*[84].

"Como são possíveis os juízos sintéticos *a priori*?". Eis o verdadeiro problema da razão pura, motivo pelo qual as incertezas e contradições caracterizam a metafísica, tendo em vista a sua omissão em relação à referida questão, como também quanto à distinção envolvendo juízos analíticos e

---

[84] *KrV*: B 18.

juízos sintéticos, à medida que o destino desta ciência (a sua salvação ou ruína) depende da sua solução ou da demonstração da sua impossibilidade de resolver o que propõe esclarecer[85].

Ao diálogo com o horizonte que envolve este problema se impõe, mais do que qualquer outro, David Hume, embora à sua perspectiva escape a determinação da questão com rigor suficiente, assim como uma concepção que acene para a universalidade, detendo-se somente na proposição sintética da relação do efeito com suas causas (*principium causalitatis*) [86], julgando ter demonstrado a impossibilidade de tal proposição *a priori*, à medida que, segundo a sua leitura, a denominação de metafísica caracteriza tudo aquilo que não se impõe mais do que simples ilusão de um pretenso conhecimento racional daquilo que emerge factualmente da experiência, alcançando através do hábito a aparência de necessidade,

---

[85] *KrV*: B 19.

[86] *Prol.* A 8, 9.

cuja afirmação converge para a destruição de toda a filosofia pura, tendo em vista o problema que dialoga com toda a generalidade, visto que, de acordo com o seu raciocínio, também não poderia haver matemática pura, que contém proposições sintéticas *a priori*[87].

Se a matemática pura e a física pura caracterizam-se como ciências realmente dadas, a própria realidade de ambas demonstra a sua possibilidade, que escapa à metafísica em virtude do insuficiente progresso que carrega até então, assim como pela incapacidade de qualquer sistema exposto alcançar o seu propósito essencial, configurando uma condição que, embora não a mantenha sob o horizonte da ciência, emerge como disposição natural (*metaphysica naturalis*)[88], à medida que a razão humana, movida por exigências próprias, se encaminha para as fronteiras desses problemas, cuja solução não guarda correspondência com o uso empírico da razão nem com os

---

[87] *KrV*: B 19 / B 20.

[88] *KrV*: B 21.

princípios extraídos da experiência[89].

Se a capacidade da razão se manter acima da especulação se impõe como condição para a metafísica, que, nesta perspectiva, houve sempre e continuará havendo, consequentemente emerge a questão que envolve a sua possibilidade enquanto disposição natural, proposta por Kant, que pretende saber, em suma, como as interrogações suscitadas pela razão pura, que em face da sua própria necessidade se obriga a resolver da melhor forma possível, se manifestam, originando-se na natureza da razão humana em geral, a saber, se o mundo tem um começo ou existe desde a eternidade, desembocaram sempre em contradições inevitáveis, a faculdade pura da razão (a simples disposição natural da razão pura para a metafísica) não alcança por si suficiência no tocante às respostas solicitadas, evidenciando-se, contrariamente, a possibilidade de atingir uma certeza, que guarda correspondência com o conhecimento ou a ignorância dos objetos, ou seja, uma

---

[89] *KrV*: B 20 / B 21.

decisão no que se refere aos objetos das suas interrogações ou em relação à capacidade ou incapacidade da razão para formular juízos que se lhes reportem, dispondo-se a acarretar, consequentemente, a ampliação da razão pura ou a instituição de limites seguros e determinados, questão que converge para a seguinte formulação: "De que forma é possível a metafísica como ciência?"[90].

---

[90] KrV: B 21 / B 22.

Os direitos da razão e a sua autoprodução entre o sistema de conhecimento de Descartes, o projeto crítico de Kant e o *idealismo absoluto* de Hegel     Luiz Carlos Mariano da Rosa

## III PARTE

## DA *LÓGICA DA APARÊNCIA* E A IMPOSSIBILIDADE DA METAFÍSICA COMO CONHECIMENTO CIENTÍFICO

Se se quiser apresentar um conhecimento como *ciência*, importa, primeiro, poder determinar exactamente [sic] o seu carácter distintivo, o que ele não tem de comum com mais nenhum e o que, portanto, lhe é *peculiar*; de outo modo, os limites de todas as ciências confundem-se e nenhuma delas pode ser tratada a fundo, segundo a sua natureza. Que esta peculiaridade consista na diferença de *objecto*, ou das *fontes de conhecimento*, ou ainda do *modo de conhecimento*, de algumas ou de todas estas coisas, é sobre ela que se funda acima de tudo a ideia da ciência possível e do seu domínio.[91]

Detendo-se na questão que envolve a alma, o universo, Deus, objetos de investigação da metafísica, Kant demonstra que, à medida que cada um deles escapa à circunscrição da percepção sensível, que emerge como uma das condições fundamentais do conhecimento, a possibilidade da razão alcançá-los justifica-se pela sua capacidade de exercer a síntese, através do juízo, que

---

[91] *Prol.* § 1, grifos do autor.

cumpre a referida função, não somente abrangendo o material disponibilizado pela experiência (relativo ao grupo de elementos materiais ou de conteúdo), mas, ultrapassando os limites do âmbito desta, se põe a fazer uma síntese de sínteses, não se circunscrevendo à referida operação mas guardando tendência para convergir para as fronteiras que encerram unidades capazes de abranger absolutamente a totalidade do sintetizável, o todo do unível, perfazendo, nesta perspectiva, a ideia de alma a síntese de todas as vivências ou a totalidade dos fenômenos internos, consistindo o conceito do mundo ou universo, contraposto ao eu pensante, no sentido de todo objeto a conhecer, a síntese de tudo quanto existe ou a totalidade dos fenômenos externos, enquanto Deus se impõe como a suprema síntese, em cujo seio está contida radical e germinalmente a última suprema razão não somente das coisas que existem, do mundo, do universo, mas também das vivências e da própria alma, a totalidade absoluta dos objetos pensados.

Às unidades absolutas, supremas, totalitárias, que a

razão, transpondo as condições do conhecimento, constrói, superando as fronteiras de toda experiência possível, a saber, a alma, o universo, Deus, Kant impõe a designação de "ideias", as quais, se em Platão significa as unidades do mundo inteligível, o que implica que uma leitura assinala que "a nossa capacidade cognitiva (*Erkenntniskraft*) sente uma necessidade bem mais alta do que simplesmente soletrar fenômenos segundo uma unidade sintética para poder lê-los como experiência"[92], em Locke guarda o sentido de qualquer fenômeno psíquico, contrapondo-se em Hume, sob a acepção de vivência reproduzida, à impressão, vivência de algo como atualmente dado.

Emergindo, pois, através da capacidade de unificação da razão, cuja tarefa, movimentando-se de condição a condicionante e de condicionante a outro condicionante não se esgota jamais, as sínteses totalitárias em questão trazem como fundamento a aspiração que o processo racional guarda de alcançar o incondicionado, que, no

---

[92] *KrV*: B 370 / 371.

entanto, sempre escapa à experiência, convergindo para assinalar que, sobrepondo-se ao movimento que implica a transposição de uma condição para outra em uma série infinita, se lhe sobrepuja através de uma espécie de "salto" que abrange, pois, a sua totalidade, estabelecendo a síntese em uma ideia, seja envolvendo a alma, o universo, Deus, cada uma das quais consistindo em uma unidade incondicionada, o absoluto, que emerge da sequência ininterrupta condicionada, relativa, em face de cada uma das vivências e cada um dos fenômenos físicos.

Criticando a psicologia racional, Kant demonstra que a alma não pode ser objeto a conhecer, visto que da experiência, no tempo, emerge não menos do que uma série constante de vivências - cada uma das quais trazendo em si a vivência de um eu e a vivência de uma coisa - que vão substituindo-se umas às outras, jamais convergindo para a leitura metafísica que, através de uma totalização indevida, apresenta tal substância ("alma") como algo fora do tempo.⁹³

Detendo-se na questão que envolve o universo, Kant descobre quatro antinomias, afirmações contraditórias, igualmente demonstráveis, que guardam idêntica força probatória, caracterizando-se a primeira como aquela que encerra a contraposição envolvendo a tese que implica que o universo tem um princípio no tempo e limites no espaço e a antítese que assinala que o universo é infinito no tempo (*Zeit*) e no espaço (*Raum*), perfazendo a segunda, que também corresponde à estrutura do universo no espaço, a tese que afirma que tudo quanto existe no universo está composto de elementos simples, indivisíveis, e a antítese que expõe que aquilo que existe no universo não está composto de elementos simples, mas de elementos infinitamente divisíveis, constituindo-se a terceira pela tese que defende que o universo deve ter tido uma causa que não seja por sua vez causada e pela antítese que propõe que o universo não pode ter uma causa que por sua vez não seja

---

[93] *KrV*: A 345 - B 403.

causada, consistindo a quarta na tese que supõe que nem no universo nem fora dele pode haver um ser necessário e na antítese que sublinha que no universo ou fora dele há de haver um ser que seja necessário[94].

Se nas duas primeiras antinomias, designadas como matemáticas, segundo Kant, o erro guarda relação com a perspectiva que o tempo e o espaço assumem como coisas em si mesmas, não como formas da faculdade de conhecer, pois o fundamento envolve um suposto contrário às leis e condições do conhecimento, nas duas últimas as teses e as antíteses podem ser ambas verdadeiras, tendo em vista que se as teses, à medida que impõem que de todo ser, de toda realidade, exista uma causa que a determine, correspondem às leis do conhecimento, as antíteses, ultrapassando-as, referem-se às coisas "em si mesmas", alcançando legitimidade no mundo do *noumenos* (metafísica), diferentemente daquelas, válidas no mundo dos fenômenos

---

[94] *KrV*: A 426 / B 454 – A 461 / B 489.

(ciência físico-matemática).⁹⁵ Detendo-se na questão que envolve a existência de Deus, Kant investiga os três principais argumentos empregados na construção das suas provas, a saber: argumento físico-teleológico (que se impõe através da leitura circunscrita à realização dos fins, à finalidade), argumento cosmológico (que traz como fundamento a enumeração de uma série de causas que, afinal, se detém numa causa incausada), argumento ontológico (baseado na ideia de um ser perfeito, um ente que, em virtude da perfeição que carrega, precisa existir)⁹⁶.

Discutindo o argumento ontológico, Kant esclarece o sentido da existência que, como uma categoria formal, demanda a aplicação da percepção sensível, da qual escapa a ideia de Deus que, esgotando-se em seu âmbito como um ente perfeito, não alcança a correspondência em questão, imposta pelas condições do conhecimento possível,

---

⁹⁵ *Prol.* § 51 - § 53.

⁹⁶ *KrV*: A 591 / B 619.

enquanto que no tocante ao argumento cosmológico o erro do raciocínio consiste em que se deixa de aplicar de repente a categoria de causalidade sem motivo algum, segundo Kant que, detendo-se no argumento físico-teleológico, relaciona ao conceito de fim, metódico, pois, cujo uso se limita à descrição da realidade, não mais do que a adequação a ela de uma determinada forma, não possibilitando, sem a transposição das fronteiras da experiência, a construção de conclusões referentes ao seu criador.

Se a Crítica da razão pura converge para a conclusão quanto à impossibilidade da metafísica como conhecimento científico, teórico, especulativo, não defende, no entanto, a inexistência de outros caminhos que porventura conduzam aos seus objetos, em cujo problema se detém Kant que, sob a perspectiva de que a personalidade humana não se circunscreve à atividade de conhecer, identifica a consciência moral, que se impõe como um fato, encerrando em si princípios tão evidentes como os princípios lógicos da razão, os quais regem a conduta, proporcionando fundamentos para a formulação de juízos.

## CAPÍTULO 3[97]

## DA AUTOPRODUÇÃO DA RAZÃO (DO ABSOLUTO), A CHAVE DO "DEVIR" E A CONDIÇÃO HUMANA

O texto em questão assinala o modo pelo qual a lógica acena com a emergência do Absoluto, segundo a leitura hegeliana, que, baseada no postulado que encerra uma equivalência entre o racional e o real, sublinha o movimento dialético que converge para a autoprodução da Razão, cujo processo traz o Estado como a sua realização através do Espírito objetivo, que implica uma relação antitética que envolve o Espírito subjetivo do homem e culmina na sua transposição em uma unidade substancial, a

---

[97] O referido capítulo é constituído por trechos que integram o conteúdo do artigo intitulado *Da autoprodução da razão (do absoluto), a chave do 'devir' e a condição humana*, publicado em **Cognitio-Estudos: Revista Eletrônica de Filosofia**, ISSN 1809-8428, v. 11, n. 1, p. 68-85, jan./jun. 2014, São Paulo - SP, Brasil, pela **Revista Tecer**, ISSN 1983-7631, v. 6, n. 10, p. 31-50, mai. 2013, Belo Horizonte - MG, Brasil, e pela **Revista Semina: Ciências Sociais e Humanas**, ISSN 1679-0383, v. 33, n. 2, p. 147-162, jul./dez. 2012, Londrina - PR, Brasil.

.

Os direitos da razão e a sua autoprodução entre o sistema de conhecimento de Descartes, o projeto crítico de Kant e o *idealismo absoluto* de Hegel        Luiz Carlos Mariano da Rosa

saber, o Espírito "em si" e "para si", o Absoluto como Espírito, puro saber de si da Ideia, perfazendo uma perspectiva que caracteriza a História como a encarnação do Espírito e atribui à liberdade uma condição que transcende o indivíduo e sua vida privada.

# I PARTE

# DA AUTOPRODUÇÃO DA RAZÃO
# (DO ABSOLUTO[98])

O *que é racional é real e o que é real é racional.*
Esta é a convicção de toda consciência livre de preconceitos e dela parte a filosofia tanto ao considerar o universo espiritual como o universo natural. Quando a reflexão, o sentimento e em geral a consciência subjetiva de qualquer modo consideram o presente como vão, o ultrapassam e querem saber mais, caem no vazio e, porque só no presente têm realidade, eles mesmos são esse vazio.

Quanto ao ponto de vista inverso, o daqueles para quem a Ideia só vale no sentido restrito de representação da opinião, a esses opõe a filosofia a visão mais verídica de que só a ideia, e nada mais, é real, e então do que se trata é de reconhecer na aparência do temporal e do transitório a substância que é imanente e o eterno que é presente.

Com efeito, o racional, que é sinônimo da Ideia, adquire, ao entrar com a sua realidade na existência exterior, uma riqueza infinita de formas, de aparências e de manifestações, envolve-se, como as sementes, num caroço onde a consciência primeiro se abriga mas que o conceito acaba por penetrar para surpreender

---

[98] *Das Absolute*, cuja noção, sob a leitura hegeliana, não guarda nenhuma correspondência com o Absoluto transcendente que o horizonte da Metafísica clássica encerra, caracterizando-se como a totalidade absolutamente inteligível que emerge a partir da sua necessidade interna e mantém parentesco com a Substância espinosista, expondo-se como tal ao termo do processo dialético do seu autopensar, constituindo-se simplesmente como a realidade total no movimento da sua automanifestação como Espírito (Hegel, 1980, p. 41, N.).

> a pulsação interna e senti-la bater debaixo da aparência exterior. São infinitas as diversas situações que surgem nesta exterioridade durante a aparição da essência, mas não cumpre à filosofia regulá-las. (...).
> A missão da filosofia está em conceber o que é, porque o que é é a razão. (...)[99]

Ao objetivo da crítica kantiana, que guarda a pretensão de estruturalizar nas fronteiras da Razão o nó da articulação do conhecimento com o seu objeto, se impõe a descoberta do "eu penso" como o princípio da compreensão da relacionalidade da consciência com o ser, de cuja conclusão emerge como obstáculo o horizonte da "coisa em si", que se não pode escapar ao ato de pensar (*Denken*), posto que inevitável, embora incognoscível, demandando a imposição de limites, pois, a interdição da Verdade Absoluta, do acesso ao Universal, em suma, que pressupõe a possibilidade do estabelecimento de uma comparatividade, no âmbito do conhecimento, envolvendo o finito e o Infinito.

Se a dificuldade que emerge através do legado em

---

[99] Hegel, 1997, XXXVI-XXXVII, grifos do autor.

questão converge para a eliminação da "coisa em si", que, segundo a leitura dos pós-kantianos (Fichte, Schelling e Hegel), se impõe como a possibilidade de constituir a filosofia como sistema da razão e como compreensão da realidade (*Realität*), a originalidade da perspectiva hegeliana consiste em manter a Realidade Absoluta sob o horizonte que a identifica como substância (*Substanz*), que acena para os rastros do pensamento de Spinoza, considerando-a também como sujeito, pois detém em si mesma o princípio das suas determinações, sendo para si própria objeto, inteligibilidade, espírito, tendo em vista que o mundo não se permite deduzir ou construir a partir de uma unidade cuja concepção remeta à "indiferença absoluta".

> O que há entre a razão como espírito consciente de si e a razão como realidade dada, o que separa a primeira da segunda e a impede de se realizar é o estar ela enleada na abstração sem que se liberte para atingir o conceito.
> Reconhecer a razão como rosa na cruz do sofrimento presente e contemplá-la com regozijo, eis a visão racional, medianeira e conciliadora com a realidade, o que procura a filosofia daqueles que sentiram alguma vez a necessidade interior de conceber e de conservar a liberdade subjetiva no que é substancial, de não abandonar ao contingente e particular, de a situar no que é em si e para si.
> Isso é também o que constitui o sentido concreto do que já

designamos, de maneira abstrata, como unidade da forma e do conteúdo. Com efeito, em sua mais concreta significação, a forma é a razão como conhecimento conceitual e o conteúdo é a razão como essência substancial da realidade moral e também natural.[100]

Nessa perspectiva, pois, o conhecimento da Realidade Absoluta, que emerge como substância e sujeito, não se torna acessível através da intuição (Anschauung), reivindicando, antes, à medida que as categorias nas quais o espírito explicita o seu conteúdo escapam aos meios que possibilitam a interpretação do real pelo entendimento (Verstand), a forma do conceito[101], cujo elemento guarda a

---

[100] Hegel, 1997, XXXVIII.

[101] Acenando com a superação da dualidade que envolve a essência e o fenômeno, a sua lógica emerge como o terceiro momento da lógica hegeliana, guardando distinção em relação ao "conceito universal" aristotélico como também à "categoria" kantiana, não perfazendo senão "a totalidade mediatizada (e, portanto, concreta) do ser e da essência e, como tal, é objeto da Razão (Vernunft) na sua oposição ao Entendimento (Verstand)" (Hegel, 1980, p. 43, N.). Conclusão: "*Conceito e razão são sinónimos* [sic]: o *conceito* (*Begriff*, apreensão conceptual) designa a verdadeira natureza do acto [sic] de pensar, que não consiste em opor uma ideia, uma representação mental, a um real, a um objecto [sic] exterior, a uma essência das coisas que seria o seu ser, separado do pensar" (Baraquin; Laffitte, 2004, p. 179, grifos do autor).

possibilidade de conferir à verdade[102] a estrutura do Sistema ou da Ciência, caracterizando-se como o termo-chave do pensamento de Hegel, que se impõe propriamente através do Absoluto[103].

À possibilidade de aceder ao conhecimento de si, no tocante ao Absoluto[104], se impõe um sistema, na acepção de modo de desenvolvimento científico racional que, escapando às fronteiras da formalidade, detém uma necessidade interna, convergindo para a construção da

---

[102] "A verdadeira figura da verdade está posta, assim, nessa cientificidade, ou, o que é o mesmo, afirma-se que somente no conceito a verdade encontra o elemento da sua existência" (Hegel, 1980, p. 8).

[103] "Ciência do Absoluto, a filosofia não tem qualquer objecto [sic] que lhe seja exterior: ela é seu próprio sujeito. Lógica e metafísica coincidem, sendo toda a realidade o fenómeno [sic] do espírito que se dá a compreender como o momento de um desenvolvimento necessário, o desenvolvimento que constitui o discurso do mundo na sua unidade" (Baraquin; Laffitte, 2004, p. 178).

[104] "(...) O Absoluto é *reflexão*: o sistema especulativo é como uma imensa proposição cujo único sujeito se reflecte [sic] em predicados que possuem a marca da sua relação necessária com o sujeito. Todo o conhecimento de um objecto [sic] deve compreender que tem o pensamento como sujeito único, centro de todas as determinações" (Baraquin; Laffitte, 2004, p. 179, grifo do autor).

totalidade do saber (*Wissen*) enquanto "Saber Absoluto", que não traz como fundamento senão o que por si próprio propõe à medida que dialoga com um horizonte de compreensibilidade que o encerra como autoprodução da Razão, à medida que, inexistindo a separação entre o sujeito (do conhecimento) e a substância, o verdadeiro (ou o Absoluto) se caracteriza como o sujeito de seu próprio desenvolvimento, como assinala a leitura hegeliana, que afirma que "(...) essencialmente, o verdadeiro é o sujeito: e como tal é somente o movimento dialético, esse caminhar que a si mesmo produz, que avança e que retorna a si"[105].

À noção kantiana que converge para a perspectiva de que a consciência (ou sujeito) interfere ativamente na construção da realidade, Hegel impõe o horizonte que propõe o *ser como processo, movimento, vir-a-ser (filosofia do devir)*, assinalando a sua constante transformação, que demanda, em suma, uma lógica que não se mantenha atrelada ao princípio de identidade (estático), mas que,

---

[105] Hegel, 1992, p. 58.

trazendo como fundamento o princípio de contradição, seja capaz de se relacionar com a dinâmica do real, cuja constituição, escapando à leitura que o interpreta como um conjunto de "coisas acabadas", emerge como um complexo de processos no âmbito do qual a estabilidade caracteriza apenas a aparência.

> O botão desaparece no desabrochar da flor, e pode-se dizer que é refutado pela flor. Igualmente, a flor se explica por meio do fruto como um falso existir da planta, e o fruto surge em lugar da flor como verdade da planta. Essas formas não apenas se distinguem mas se repelem como incompatíveis entre si. Mas a sua natureza fluida as torna, ao mesmo tempo, momentos da unidade orgânica na qual não somente não entram em conflito, mas uma existe tão necessariamente quanto a outra; e é essa igual necessidade que unicamente constitui a vida do todo.[106]

Tese (identidade), antítese (contradição ou negação), síntese (positividade ou negação da negação). Eis as três etapas do movimento da dialética[107], que, sob a perspectiva

---

[106] Hegel, 1992, p. 22.

[107] "A dialética é, pois, precisamente, a unidade negativa do movimento de dissolver-se e de produzir-se: 'ir ao abismo' significa se pôr no fundo das coisas. Trata-se da dissolução que o conceito efetua de si mediante a integração de seu movimento de particularização em uma nova posição" (Rosenfield, 1983, p. 53).

de que todas as coisas e ideias morrem, estabelece uma leitura que indica que a força da destrutividade se impõe também como aquela que impulsiona o processo histórico, tendo em vista que a morte carrega um potencial criador.

> Com efeito, a Coisa mesma não se esgota em *seu fim*, mas em sua *atualização*; nem o *resultado* é o todo *efetivo*, mas sim o resultado junto com o seu vir-a-ser. O fim para si é o universal sem vida, como a tendência é o mero impulso ainda carente de sua efetividade; o resultado nu é o cadáver que deixou atrás de si a tendência. Igualmente, a *diversidade* é, antes, o *limite* da Coisa: está ali onde a Coisa deixa de ser; ou é o que a mesma não é.[108]

Do grego *dia*, que expressa a ideia de "dualidade", "troca", e *lektikós*, "apto à palavra", "capaz de falar", traz a mesma raiz de *logos*, "palavra", "razão", guardando relação com o conceito de "diálogo", que, por sua vez, acena para o horizonte que encerra uma dualidade de razões, à medida que envolve mais de uma opinião – eis a etimologia de *dialética*[109], cuja concepção converge para a conclusão de

---

[108] Hegel, 1992, p. 23, grifos do autor.

[109] "O motor da dialéctica [sic] é a *negatividade*, 'a seriedade, a dor, a paciência e a acção [sic] do negativo', negação do imediato e negação da negação que permite a afirmação de uma verdade superior, a elevação

que a transição do ser para o não-ser não acarreta aniquilamento, destruição ou morte pura e simples senão um movimento que conduz para as fronteiras de outra realidade à medida que a contradição provoca a transformação do ser suprimido[110].

Inter-relacionado à contraditoriedade dinâmica do real, a noção de totalidade, cuja leitura assinala a predominância do todo diante das partes que o constituem, traz subjacente a perspectiva de que as coisas estão em constante relação recíproca, escapando à compreensibilidade qualquer fenômeno da natureza ou do pensamento que porventura se incline à investigação de maneira isolada, à margem dos fenômenos circundantes,

---

ao ponto de vista do Universal concreto, a Razão identificada com a totalidade do real" (Baraquin; Laffitte, 2004, p. 179, grifo do autor).

[110] O verbo alemão *Aufheben* significa "suprimir", "negar", entendendo-se também na acepção de "conservar", tanto quanto de "elevar a um nível superior". "Hegel utiliza esse termo, jogando com sua ambiguidade, para designar, no movimento dialético, a passagem de um estado a outro. Todo novo estado nasce da negação do estado precedente: visa aboli-lo mas, de certa forma, conservá-lo. Assim, designa a ação de ultrapassar uma contradição" (Japiassú; Marcondes, 2008, p. 21).

tendo em vista que participam de uma estruturalidade que se impõe pelo conjunto dialético ao qual pertencem.

Se o Absoluto se impõe como sujeito, a sua identidade não emerge senão através de uma dialética que, convergindo para a sua realização como tal, implica uma contradição que envolve uma forma imediata de subjetividade e a subtração desta no que tange à imediatidade, cuja ruptura, concernente à referida forma de subjetividade em face do imediato, perfazendo a liberdade, a interioridade, a transcendência infinita, se manifesta, inversamente, na identidade do Absoluto, uma vez que se lhe dispõe à medida que se reconcilia com a imediatidade, transformando-se em uma "imediatidade segunda", caracterizando-se o Absoluto, neste processo, como "essencialmente resultado", tendo em vista que encerra a condição de que é apenas no fim que é o que deve ser.

> O verdadeiro é o todo. Mas o todo é somente a essência que se implementa através de seu desenvolvimento. Sobre o absoluto, deve-se dizer que é essencialmente resultado; que só no fim é o que é na verdade. Sua natureza consiste justo nisso: em ser algo efetivo, em ser sujeito ou vir-a-ser-de-simesmo. Embora pareça contraditório conceber o absoluto essencialmente como

resultado, um pouco de reflexão basta para dissipar esse semblante de contradição. O começo, o princípio ou o absoluto - como de início se enuncia imediatamente - são apenas o universal. Se digo: "todos os animais", essas palavras não podem valer por uma zoologia. Do mesmo modo, as palavras "divino", "absoluto", "eterno" etc. não exprimem o que nelas se contém; - de fato, tais palavras só exprimem a intuição como algo imediato. A passagem - que é mais que uma palavra dessas - contém um tomar-se Outro que deve ser retomado, e é uma mediação; mesmo que seja apenas passagem a outra proposição. Mas o que horroriza é essa mediação: como se fazer uso dela fosse abandonar o conhecimento absoluto - a não ser para dizer que a mediação não é nada de absoluto e que não tem lugar no absoluto.[111]

Na perspectiva que implica a equivalência entre o racional e o real[112], o sistema hegeliano, pois, explicando o movimento gerador da realidade, desenvolve uma "dialética idealista"[113], propondo que a racionalidade não se impõe

---

[111] Hegel, 1992, p. 31.

[112] No sentido que envolve efetividade (*Wirklichkeit*), que implica que "o mundo só está aí porque veio a ser em si mesmo o outro de si: o mundo é pelo movimento que o põe como unidade da diferença e da não-diferença. O que é, é o movimento de exposição da essência, é a autoapresentação do conceito" (Rosenfield, 1983, p. 16, grifo do autor).

[113] "A dialética superior do conceito consiste em produzir a determinação, não como um puro limite e um contrário, mas tirando dela, e concebendo-o, o conteúdo positivo e o resultado; só assim a dialética é desenvolvimento e progresso imanente. Tal dialética não é,

apenas como o que é próprio ao sujeito humano, mas como a base e o motor do real, tornando-se o mundo, sob o horizonte em questão, a manifestação da Ideia.

portanto, a ação extrínseca de um intelecto subjetivo, mas sim a alma própria de um conteúdo de pensamento de onde organicamente crescem os ramos e os frutos. Enquanto objetivo, o pensamento apenas assiste ao desenvolvimento da ideia como atividade própria da sua razão e nenhum complemento lhe acrescenta da sua parte. Considerar algo racionalmente não é vir trazer ao objeto uma razão e com isso transformá-lo, mas sim considerar que o objeto é para si mesmo racional. Assim é o espírito em sua liberdade, a mais alta afirmação da razão consciente de si, que a si mesma se dá a realidade e se produz como mundo existente. A ciência apenas se limita a trazer à consciência este trabalho que é próprio da razão da coisa" (Hegel, 1997, p. 33-34).

## II PARTE

## DA CHAVE DO "DEVIR"[114]

A história do espírito é a sua ação, pois reside inteiramente no que faz e age; é fazer de si mesma, e isso na medida em que é espírito, o objeto da sua consciência, conceber-se a si mesma ao compreender-se. Este conceber-se a si é o seu ser e o seu princípio, mas, ao mesmo tempo, a plenitude de uma concepção é a sua alienação e transição para uma outra. Para se exprimir formalmente, o espírito que de novo concebe esta concepção de si e que regressa à alienação de si (que é o mesmo) constitui o grau na primeira concepção.[115]

Ao devir Hegel impõe como princípio a Ideia[116] pura (tese), que, para se desenvolver, gera um objeto oposto a si,

---

[114] "Em Hegel, o devir constitui a síntese dialética do ser e do não-ser, pois tudo o que existe é contraditório estando, por isso mesmo, sujeito a desaparecer (o que constitui um elemento constante de renovação). A filosofia tem que "pensar a vida", diz Hegel. Quer dizer, pensar a história, o devir dos homens e das sociedades. Assim, a historicidade entra como a dimensão fundamental do real e o devir se torna a verdade mesma do Ser." (Japiassú; Marcondes, 2008, p. 72)

[115] Hegel, 1997, p. 307-308.

[116] "Forma lógica pura em si mesma do conceito pensado como realizado, ou o *conceito* no elemento abstracto [sic] do pensamento, a verdade no seu nível mais formal" (Baraquin; Laffitte, 2004, p. 180, grifo do autor).

a Natureza[117] (antítese), que guarda o sentido de Ideia alienada (mundo destituído de consciência), de cujo confronto emerge uma síntese, o Espírito[118] (pensamento e matéria, simultaneamente), como a Ideia que alcança consciência de si através da Natureza. Eis o movimento que se impõe à Razão, possibilitando-a transpor todos os graus, desde aquele que caracteriza a natureza inorgânica, da natureza viva, da vida humana individual até a vida social, emergindo estes dois últimos como a manifestação do "Espírito subjetivo"[119], ao qual se opõe a antítese do "Espírito objetivo"[120], que converge para o sobrepujamento

---

[117] "A Ideia dando a si própria a existência de um Ser-aí, 'a Ideia na forma da alteridade', o conceito (ou razão) alienando-se na matéria a fim de, perdendo-se nela, reassumir-se nela *para si*" (Baraquin; Laffitte, 2004, p. 180, grifos do autor).

[118] "'A Ideia no elemento do espírito humano', a Ideia chegada à existência em si e para si ou a Natureza aparecendo a si própria (*para si*) como Ideia" (Baraquin; Laffitte, 2004, p. 180, grifos do autor).

[119] "Vida interior individual, cuja alma sensível a dialéctica [sic] eleva à liberdade e à vontade" (Baraquin; Laffitte, 2004, p. 180).

[120] "Realização da vontade livre na História, no mundo das instituições jurídicas, onde as leis garantem a passagem do Universal ao individual,

dessa relação antitética através do "Espírito absoluto", que encerra a superação das fronteiras que implicam a subjetividade e a objetividade e acena com a sua unidade substancial, perfazendo o Espírito "em si" e "para si", o Absoluto como Espírito (puro saber de si da Ideia), que traz a arte, a religião e a filosofia como os seus três momentos[121].

> (...) Para Hegel, é o princípio absoluto, a divindade especulativa, a Ideia em uma palavra que sai de si e se aliena no mundo natural e na História. Após o que, há desalienação: através do mundo e da História, a Ideia, isto é, a divindade filosófica, se reencontra, se reconquista. O homem é o lugar desse vasto drama, o teatro desse cenário. No conhecimento, e por ele, o "homem" se procura; ele se descobre na razão. Na verdade, é a Ideia que se reconhece nele, desde a mais humilde sensação até a existência social eminente, a da moral, do direito, do Estado, enfim.[122]

Contrapondo-se a tradição jusnaturalista típica dos filósofos contratualistas, cujas teorias, construindo a hipótese do estado de natureza, convergem para a

---

encontrando a sua forma consumada no Estado" (Baraquin; Laffitte, 2004, p. 180).

[121] Hegel, 1997, p. 307.

[122] Duvignaud, 1974, p. 14-15.

perspectiva que impõe à sociedade o caráter de uma composição de indivíduos isolados que se reúnem através de um pacto a fim de estabelecer artificialmente o Estado, garantindo tanto a liberdade individual como a propriedade privada, Hegel não define o homem senão como sendo sempre um indivíduo social, negando a sua anterioridade em relação ao Estado que, constituindo-o, segundo tal leitura, fundamenta a sociedade, sintetizando, através da realidade coletiva, a totalidade dos interesses contraditórios interindividuais.

> Se o Estado é o espírito objetivo, então só como membro é que o indivíduo tem objetividade, verdade e moralidade. A associação como tal é o verdadeiro conteúdo e o verdadeiro fim, e o destino dos indivíduos está em participarem numa vida coletiva; quaisquer outras satisfações, atividades e modalidades de comportamento têm o seu ponto de partida e o seu resultado neste ato substancial e universal. Considerada abstratamente, a racionalidade consiste essencialmente na íntima unidade do universal e do indivíduo e, quanto ao conteúdo no caso concreto de que aqui se trata, na unidade entre a liberdade objetiva, isto é, entre a vontade substancial e a liberdade objetiva como consciência individual, e a vontade que procura realizar os seus fins particulares; quanto à forma, constitui ela, por conseguinte, um comportamento que se determina segundo as leis e os princípios pensados, isto é, universais. Esta ideia é o ser

universal e necessário em si e para si do espírito.[123]

Síntese, eis o horizonte para o qual acena a família, que emerge através dos interesses contraditórios dos seus membros, tanto quanto a sociedade civil[124], à medida que se impõe sobrepujando as divergências interfamiliares, representando o Estado, "que é o fim e a realidade em ato da substância universal e da vida pública nela consagrada"[125], a unidade final, tendo em vista que encerra a superação da relação de incompatibilidade existente entre as esferas privada e pública. "O estado não é totalitário, mas é ele – por oposição ao jogo da competição econômica – que assegura para Hegel universalidade às ações

---

[123] Hegel, 1997, p. 217-218.

[124] "Sociedade civil, associação de membros, que são indivíduos independentes, numa universalidade formal, por meio das carências, por meio da constituição jurídica como instrumento de segurança da pessoa e da propriedade e por meio de uma regulamentação exterior para satisfazer as exigências particulares e coletivas" (Hegel, 1997, p. 149).

[125] Hegel, 1997, p. 149.

humanas"¹²⁶.

É o Estado a realidade em ato da liberdade concreta. Ora, a liberdade concreta consiste em a individualidade pessoal, com os seus particulares, de tal modo possuir o seu pleno desenvolvimento e o reconhecimento dos seus direitos para si (nos sistemas da família e da sociedade civil) que, em parte, se integram por si mesmos no interesse universal e, em parte, consciente e voluntariamente o reconhecem como seu particular espírito substancial e para ele agem como seu último fim. Daí provém que nem o universal tem valor e é realizado sem o interesse, a consciência e a vontade particulares, nem os indivíduos vivem como pessoas privadas unicamente orientadas pelo seu interesse e sem relação com a vontade universal; deste fim são conscientes em sua atividade individual.¹²⁷

Se a família¹²⁸ se impõe primeiramente, tornando-se a encarnação da vontade à medida que a subjetividade institui fronteiras para deter o desejo enquanto se propõe obrigações, em nome de um direito de pertinência que não

---

[126] Merquior, 1969, p. 22.

[127] Hegel, 1997, p. 225-226.

[128] "Como substancialidade imediata do espírito, a família determina-se pela sensibilidade de que é una, pelo amor, de tal modo que a disposição de espírito correspondente é a consciência em si e para si e de nela existir como membro, não como pessoa para si." (Hegel, 1997, p. 149)

acena senão para o horizonte do "reconhecimento", guardando liames que envolvem os "sentimentos naturais", o seu conteúdo apela à forma, não havendo outro, posto que a sua capacidade de assegurar-se como tal implica fatores contingentes, a saber, aqueles que envolvem do estabelecimento do vínculo do amor à constituição do patrimônio, tendo em vista que

> (...) A família realiza-se em três aspectos:
> a) Na forma do seu conceito imediato, como casamento;
> b) Na existência exterior: propriedade, bens de família e cuidados correspondentes;
> c) Na educação dos filhos e na dissolução da família.[129]

Nessa perspectiva, pois, "a" família, de fato, "não existe", demandando a sua concepção a pluralidade ("as"), tornando-se inescapável uma leitura que a mantenha (digo, a concepção, mais do que a família) sob o horizonte de uma organização que se impõe à luta pela subsistência, à medida que a sua existência remete à *Sociedade civil*, visto que

> De um modo natural e, essencialmente, de acordo com o

---

[129] Hegel, 1997, p. 150.

princípio da personalidade, divide-se a família numa multiplicidade de famílias que em geral se comportam como pessoas concretas independentes e têm, por conseguinte, uma relação extrínseca entre si.[130]

Sociedade civil. A propósito:

> A pessoa concreta que é para si mesma um fim particular como conjunto de carências e como conjunção de necessidade natural e de vontade arbitrária constitui o primeiro princípio da sociedade civil. Mas a pessoa particular está, por essência, em relação com a análoga particularidade de outrem, de tal modo que cada uma se afirma e satisfaz por meio da outra e é ao mesmo tempo obrigada a passar pela forma da universalidade, que é o outro princípio.
> Na sua realização assim determinada pela universalidade, o fim egoísta é a base de um sistema de dependências recíprocas no qual a subsistência, o bem-estar e a existência jurídica do indivíduo estão ligados à subsistência, ao bem-estar e à existência de todos, em todos assentam e só são reais e estão assegurados nessa ligação. Pode começar por chamar-se a tal sistema o Estado extrínseco, o Estado da carência e do intelecto.[131]

Se a sociedade civil se impõe, no que tange ao universal, como uma realização mediata, a harmonia não emerge senão através de uma espécie de estratagema, segundo a leitura em questão, à medida que cada qual,

---

[130] Hegel, 1997, p. 166.

[131] Hegel, 1997, p. 167-168.

trabalhando para si - ou acreditando fazê-lo -, confere aos outros de fato a oportunidade de trabalhar, perfazendo uma conjuntura que assinala, em suma, uma distinção envolvendo o que é realizado (o universal) e o que em cada caso (o particular) é desejado, convergindo para a conclusão que demanda outra forma de Estado que se sobreponha ao "Estado do entendimento e da necessidade", ao mundo da particularidade (esfera econômica), enfim, no âmbito do qual a liberdade, sob a égide do interesse pessoal, não se circunscreve senão ao horizonte do empírico, guardando, contudo, a possibilidade de preparar o homem para a cidadania, tanto quanto, consequentemente, "para querer o universal como tal"[132].

> Como cidadãos deste Estado, os indivíduos são pessoas privadas que têm como fim o seu próprio interesse: como este só é obtido através do universal, que assim aparece como um meio, tal fim só poderá ser atingido quando os indivíduos determinarem o seu saber, a sua vontade e a sua ação de acordo com um modo universal e se transformarem em anéis da cadeia que constitui o conjunto. O interesse da ideia, que não está explícita na consciência dos membros da sociedade civil enquanto tais é aqui o processo que eleva a sua individualidade natural à liberdade

---

[132] Hyppolite, 1971, p. 103.

formal e à universalidade formal do saber e da vontade, por exigência natural e também por arbitrariedade das carências, o que dá uma cultura à subjetividade particular.[133]

Consistindo na própria vida dos povos, em suma, à História, no tocante a sua realização, se impõe a ação dos indivíduos, jamais escapando tal processo à governabilidade da Razão, emergindo "os grandes homens" como "indivíduos naturais", cujos fins particulares, implicando o arrebatamento das paixões, a busca de glória e fortuna - na perseguição dos quais se detêm[134] -, não convergem senão para a realização do destino.

> Não se pense, porém, que a história universal é o simples juízo da força, quer dizer, da necessidade abstrata e irracional de um destino cego; antes, sendo em si e para si razão, e como o seu ser para si é no espírito um saber, a história é, de acordo com o conceito da sua liberdade, o desenvolvimento necessário dos momentos da razão, da consciência de si e da liberdade do

---

[133] Hegel, 1997, p. 170-171.

[134] Tendo em vista que neles "a Natureza (a Ideia feita Natureza) produz como um instinto a intuição daquilo que o Espírito exige e que coincide com a própria espontaneidade, com as suas paixões e caracteres" (Baraquin; Laffitte, 2004, p. 182).

espírito, a interpretação e a realização do espírito universal.[135]

Se a sensatez caracteriza o Homem, que, nessa perspectiva, não tem outra aspiração senão a Razão e a liberdade, as consequências que implicam o processo que envolve a sua busca, convergindo para a caotização, em suma, se impõem como a chave do devir da Humanidade, que, acenando para a possibilidade de uma história (*historia rerum gestarum*), emerge, sob a acepção de um princípio *imanente* (sem o qual o passado, o presente e o futuro perdem a inteligibilidade), como a própria liberdade, à medida que o devir em questão, que se descobre, progressivamente, como Razão, não é senão o da liberdade[136]. Conclusão:

---

[135] Hegel, 1997, p. 307.

[136] "Segundo Hegel, história e razão se interpretam uma pela outra. O absoluto, sem as formas que assume necessariamente na história, seria a 'solidão sem vida', é a história é aquilo com que nos devemos reconciliar. A liberdade é esta própria reconciliação. A liberdade hegeliana, insistimos, transcende o indivíduo e sua vida privada; é uma reconciliação do homem com o seu destino, e a expressão desse destino é a história." (Hyppolite, 1971, p. 108)

> O elemento de existência do espírito universal - que é intuição e imagem na arte, sentimento e representação na religião, pensamento puro e livre na filosofia - é, na história universal, a realidade espiritual em ato, em toda a sua acepção: interioridade e exterioridade. Constitui a história um tribunal porque, na sua universalidade em si e para si, o particular, os penates, a sociedade civil e o espírito dos povos em sua irisada realidade apenas são como algo da natureza da ideia separada; neste elemento, o movimento do espírito consiste em tornar isso evidente.[137]

À perspectiva em questão, que torna relevante o horizonte sob o qual a liberdade se esconde, se impõe o sentido que a leitura hegeliana confere à Sociedade civil, que se torna o âmbito no qual à possibilidade de exercício da *liberdade real* se sobrepõem os atalhos estéreis do interesse, à medida que converge para as fronteiras de um sistema instável caracterizado pela satisfação das necessidades egoístas, tendo em vista que a verdade do homem não se detém no econômico, cuja esfera não encerra senão uma liberdade que não guarda capacidade de assumir a condição que se lhe cabe, e para a qual tende, a saber, aquela que implica a razão, tornando-se competência

---

[137] Hegel, 1997, p. 307.

do Estado (que existe), espaço por excelência dos interesses públicos e universais, a realização da "liberdade efetiva".

É o Estado a realidade em ato da liberdade concreta. Ora, a liberdade concreta consiste em a individualidade pessoal, com os seus particulares, de tal modo possuir o seu pleno desenvolvimento e o reconhecimento dos seus direitos para si (nos sistemas da família e da sociedade civil) que, em parte, se integram por si mesmos no interesse universal e, em parte, consciente e voluntariamente o reconhecem como seu particular espírito substancial e para ele agem como seu último fim.[138]

Se sob a forma do acontecimento a História se impõe como a encarnação do Espírito, que emerge através da realidade natural imediata, as etapas do processo evolutivo guardam relação com os princípios propostos por esta última, inter-relacionando uma pluralidade de termos exteriores, cada povo detendo um à medida que se trata da "existência geográfica e antropológica do Espírito", posto que o desenvolvimento particular de um povo histórico corresponde à evolução de seu princípio desde o estado da infância até o alcance da consciência de si objetivamente moral, acenando para um período de decadência, em

---

[138] Hegel, 1997, p. 225.

virtude da manifestação de um princípio superior, a negação daquele, leitura que assinala que as determinações geográficas se impõem às disposições históricas, delineando o destino dos povos[139].

Se a História escapa à concepção que a encerra como uma força cega, convergindo para as fronteiras que assinalam o movimento evolutivo sob o horizonte da consciência da liberdade, "o devir-Espírito da humanidade" que se inclina para a libertação do "*ser-aí*" natural, possibilitando-o encarnar uma Verdade em ato, cuja realização não emerge senão na vida concreta de cada indivíduo, o pensamento hegeliano, nessa perspectiva, justifica a guerra[140], por exemplo, tendo em vista que o seu fim se impõe à medida que tende a perder o seu caráter de

---

[139] Hegel, 1997, p. 309.

[140] "A guerra é uma negação da negação, a vida material de um povo, de vez que a sua particularidade positiva se constitui precisamente de limitações ou negações. Na guerra essas negações são por sua vez negadas, e a mais alta liberdade, a que consiste em não ser escravo da vida, se manifesta" (Hyppolite, 1971, p. 80).

Os direitos da razão e a sua autoprodução entre o sistema de conhecimento de Descartes, o projeto crítico de Kant e o *idealismo absoluto* de Hegel     Luiz Carlos Mariano da Rosa

violência irracional[141].

---

[141] Hegel, 1997, p. 305-306.

Os direitos da razão e a sua autoprodução entre o sistema de conhecimento de Descartes, o projeto crítico de Kant e o *idealismo absoluto* de Hegel     Luiz Carlos Mariano da Rosa

## III PARTE

## DA CONDIÇÃO HUMANA (DA DIALÉTICA)

O senhor se relaciona mediatamente com o escravo por meio do ser independente, pois justamente ali o escravo está retido; essa é sua cadeia, da qual não podia abstrair-se na luta, e por isso se mostrou dependente, por ter sua independência na coisidade. O senhor, porém, é a potência sobre esse ser, pois mostrou na luta que tal ser só vale para ele como um negativo. O senhor é a potência que está por cima desse ser; ora, esse ser é a potência que está sobre o Outro; logo, o senhor tem esse Outro por baixo de si: é este o silogismo [da dominação].

O senhor também se relaciona mediatamente por meio do escravo com a coisa; o escravo, enquanto consciência-de-si em geral, se relaciona também negativamente com a coisa, e a suprassume. Porém, ao mesmo tempo, a coisa é independente para ele, que não pode, portanto, através do seu negar, acabar com ela até a aniquilação; ou seja, o escravo somente a trabalha. Ao contrário, para o senhor, através dessa mediação, a relação imediata vem-a-ser como a pura negação da coisa, ou como gozo - o qual lhe consegue o que o desejo não conseguia: acabar com a coisa, e aquietar-se no gozo. O desejo não o conseguia por causa da independência da coisa; mas o senhor introduziu o escravo entre ele e a coisa, e assim se conclui somente com a dependência da coisa, e puramente a goza; enquanto o lado da independência deixa-o ao escravo, que a trabalha.[142]

À leitura hegeliana da função do trabalho[143] se impõe

---

[142] Hegel, 1992, p. 130-131.

[143] "Foi Hegel quem formulou a primeira teoria filosófica do Trabalho,

a questão que, nessa perspectiva, envolve a determinação que não se detém nas fronteiras que convergem para descobrir "se o homem é livre, mas em que condições o é", tendo em vista que a liberdade escapa ao horizonte que implica um ideal, caracterizando-se, pois, como um fato, demandando a definição das modalidades efetivas "nas e pelas quais" o desejo humano, assumindo-se como vontade, alcança realização à medida que constrói um arcabouço de ações que concorrem para possibilitar uma relação que não se inclina senão sobre o seu objetivo, não emergindo como menos do que se tornar efetivamente vontade livre.

Tal realização consiste, em seguida, por meio da abolição daquela oposição, negação da negação, em dar-se, como negatividade que a si se aplica, a determinação de vontade na sua existência empírica de tal sorte que ela seja vontade livre não

---

utilizando os resultados a que chegara Adam Smith na *Economia Política*. Já em *Lições de Iena* (1803-04), Hegel considerava o Trabalho como "mediação entre o homem e seu mundo"; isso porque, diferentemente dos animais, o homem não consome de imediato o produto natural, mas elabora de maneiras diferentes e para os fins mais diversos a matéria fornecida pela natureza, conferindo-lhe assim valor e conformidade com o fim a que se destina (*Fil. do Dir.*, § 196)" (Abbagnano, 2007, p. 965, grifos do autor).

apenas em si mas para si.[144]

Se Hobbes, um dos teóricos do "estado de natureza", que guarda relacionalidade com a hipótese de uma condicionalidade primitiva, anterior ao processo de sociabilidade, caracterizada, pois, por uma vivencialidade fundamentalizada pela liberdade à medida que o homem guarda possibilidade ilimitada de usufruir as coisas e realizar os seus desejos, interpreta a situação em questão (que envolve a "vontade livre") como "reino do arbitrário", o seu único erro consiste em "abstraí-lo", posto que o isola "como fato originariamente irredutível", comprometendo toda a sua demonstração, tendo em vista que, como um ser que deseja, a necessidade se impõe sob um horizonte que esconde que mais do que o seu corpo mesmo, o que está em seu poder não é senão o "direito" de querer (Wollen) tudo o que possibilita a garantia da sua sobrevivência, não havendo fronteiras outras para a sua liberdade que escapem à sua potência, à medida que a posse de um corpo confere

---

[144] Hegel, 1997, p. 94.

legitimidade acerca da sua utilização e do usufruto dos bens necessários para a sua satisfação, não se constituindo a liberdade em si senão no modo do *ter* (da posse), que, caracterizando-se como precária, apenas alcança condição de propriedade se for garantida.

> Do ponto de vista da carência, e caso esta seja colocada em primeiro plano, ter uma propriedade aparece como um meio. Mas é noutro ponto de vista que reside a verdadeira situação, o da liberdade que na propriedade tem a sua primeira existência, o seu fim essencial para si.[145]

Se o pensamento de Rousseau, à medida que acena para a leitura de que outro direito não há senão o que implica o desejo, converge para o equívoco, se impõe como certo ao assinalar que a sua satisfação duradoura remete a um direito que é diferente do "direito de fato", guardando relação com uma ordem que somente emerge como tal enquanto transcendente ao que organiza, tendo em vista que a posse, cujas modalidades são tanto a ocupação quanto a transformação (conforme defende a perspectiva lockeana), apenas se constitui em propriedade por

---

[145] Hegel, 1997, p. 47.

intermédio da instituição do contrato.

Como ser determinado, a existência é essencialmente ser para algo que é outro. Deste ponto de vista de existência como coisa exterior, a propriedade é para outras exterioridades e liga-se à necessidade natural e à contingência que disso resultam. Mas como existência da vontade essa sua existência para outrem é existência para a vontade de outrem. Esta relação de vontade a vontade constitui o terreno próprio e verdadeiro onde a liberdade tem uma existência. É esta mediação que constitui o domínio do contrato, esta mediação que a propriedade estabelece, não só de uma coisa com a minha vontade subjetiva mas também com outra vontade, havendo portanto uma vontade comum de posse.[146]

Se a existência da propriedade demanda o seu reconhecimento, o contrato se impõe como a verdade (essência) da liberdade que emerge em si, cuja realização, nesse sentido, corresponde

> apenas se o *ter* no qual ela *tem* sua efetividade encontra uma legitimação num *direito*: o *direito privado* ('privado', no momento, pela verdade que lhe dará, segundo Hegel, o universal concreto: o Estado). Contudo o *fazer* intervém: um dos meios de possuir é transformar, trabalhar o material dado. O próprio agente, ao mesmo tempo, se transforma a si mesmo. Experimenta abstratamente sua liberdade como capacidade de transformação.

---

[146] Hegel, 1997, p. 69-70.

Fazendo, faz-se.[147]

Nessa perspectiva, pois, condenado ao desenvolvimento da atividade material em virtude da sua condição humana à medida que se inclina ao medo de perder a vida, ao escravo se impõe um "comportamento animal", ao qual escapa em virtude da redescoberta da sua humanidade, sob o horizonte da relação dialética que envolve o caso em questão, diante da correspondência ativa que implica a sua ação no mundo das coisas, configurando embora o mais baixo grau da realização da liberdade, posto que resulta apenas em um fenômeno abstrato, que não alcança um valor formador, à medida que se mantém reduzido à estagnação e à repetição, como o identifica Marx que, nas fronteiras da leitura hegeliana, pensa que

> (...) O trabalho estranhado faz, por conseguinte:
> 3) do *ser genérico do homem*, tanto da natureza quanto da faculdade genérica espiritual dele, um ser *estranho* a ele, um *meio* da sua existência *individual*. Estranha do homem o seu próprio corpo, assim como a natureza fora dele, tal como a sua essência espiritual, a sua essência *humana*.

---

[147] Châtelet, 1995, p. 126, grifos do autor.

4) uma consequência imediata disto, de o homem estar estranhado do produto do seu trabalho, de sua atividade vital e de seu ser genérico é o *estranhamento do homem* pelo [próprio] *homem*. Quando o homem está frente a si mesmo, defronta-se com ele o *outro* homem. O que é produto da relação do homem com o seu trabalho, produto de seu trabalho e consigo mesmo, vale como relação do homem com outro homem, como o trabalho e o objeto do trabalho de outro homem.[148]

Se o conceito de alienação (*Entfremdung*)[149], segundo a perspectiva hegeliana, corresponde ao momento no qual o espírito "sai de si" e se manifesta na construção da cultura, cuja ruptura, que se impõe através do movimento de exteriorização (através do trabalho), é superada pela operação da consciência (consciente de si, pois, nesse estágio superior), a relevância desta, sob o horizonte do idealismo que a encerra, acarreta, em suma, a perda da

---

[148] Marx, 2004, p. 85-86, grifos do autor.

[149] "Existe, pois, uma mudança de perspectiva. Em Marx, a alienação não designa mais um 'algo' enigmático e misterioso, uma qualidade ou propriedade do ser humano que se perderia no caminho e que é mister recuperar. Na filosofia hegeliana, restam traços da teologia judia-cristã: a divindade original, a queda, o pecado. No pensamento marxista, trata-se daquilo que impede *a realização de possibilidades*." (Duvignaud, 1974, p. 15, grifos do autor)

"materialidade do trabalho", de acordo com Marx[150].

---

[150] "(...) Marx estuda a *produção* no sentido mais amplo, muito mais vasto e profundo que no sentido econômico desse termo. O 'homem', ser social, produz obras e coisas; produz também relações sociais cada vez mais complexas. Nessa atividade, o homem real (social) não luta somente contra a natureza; é também a presa de suas próprias criaturas. Não somente, como havia suposto Feuerbach, da religião e da filosofia abstrata, mas do dinheiro, e de suas consequências, das instituições, do próprio Estado. Necessidades históricas, inevitáveis mas logo superadas, se voltam contra o ser social e o oprimem. Quando há alienação? Quando há *fetichismo* e uma criação humana oprime o ser social do homem fascinando-o. A alienação mais profunda é a alienação religiosa, que arranca completamente o ser humano de si mesmo. Mas a alienação essencial, na sociedade contemporânea, é a do trabalho e do trabalhador, vendendo este seu tempo de trabalho ao capitalista, isto é, seu tempo de atividade criadora e de vida social." (Duvignaud, 1974, p. 15, grifos do autor)

## ASPECTOS CONCLUSIVOS[151]

## (OS DIREITOS DA RAZÃO E A SUA AUTOPRODUÇÃO ENTRE O SISTEMA DE CONHECIMENTO DE DESCARTES, O PROJETO CRÍTICO DE KANT E O *IDEALISMO ABSOLUTO* DE HEGEL)

Se, quanto aos costumes, as opiniões, mesmo incertas, convém às vezes assumir como se fossem indubitáveis,

---

[151] A referida conclusão é constituído por trechos que integram o conteúdo de três artigos: o primeiro artigo intitulado *Do sistema de conhecimento de Descartes: o "eu" como "coisa em si" e a "consciência da consciência"*, publicado pela **Revista Húmus**, ISSN 2236-4358, v. 5, n. 13, p. 2-31, ago. 2015, São Luís – MA, e pela **Revista Filosofia Capital**, ISSN 1982-6613, v. 10, n. 17, jun. 2015, Brasília – DF, Brasil; o segundo artigo intitulado *Do projeto crítico kantiano: os direitos da razão entre a lógica da verdade e a lógica da aparência*, publicado pela **Revista Opinião Filosófica**, ISSN 2178-1176, v. 5, n. 2, p. 85-109, 2014, pela **Revista Studia Kantiana**, ISSN 2317-7462, n. 17, p. 5-26, dez. 2014, e pela **Revista Cadernos do PET Filosofia**, ISSN 2178-5880, v. 6, n. 12, p. 76-91, jul./dez. 2015; e o terceiro artigo intitulado *Da autoprodução da razão (do absoluto), a chave do 'devir' e a condição humana*, publicado em **Cognitio-Estudos: Revista Eletrônica de Filosofia**, ISSN 1809-8428, v. 11, n. 1, p. 68-85, jan./jun. 2014, São Paulo – SP, Brasil, pela **Revista Tecer**, ISSN 1983-7631, v. 6, n. 10, p. 31-50, mai. 2013, Belo Horizonte – MG, Brasil, e pela **Revista Semina: Ciências Sociais e Humanas**, ISSN 1679-0383, v. 33, n. 2, p. 147-162, jul./dez. 2012, Londrina – PR, Brasil.

segundo a fala de Descartes, à investigação da verdade se impõe o princípio oposto, a rejeição de tudo aquilo que guarda indícios de dúvida como absolutamente falso, a fim de que porventura possa encontrar algo que escape à sua circunscrição. Tal processo, conforme assinala o Capítulo 1, à medida que atribui falsidade, das produções dos sentidos (imaginação) às razões que emergem através das demonstrações (raciocínio), chegando ao ponto de considerar que todas as coisas não são mais verdadeiras do que as ilusões dos sonhos, converge para a conclusão de que, pelo menos, o que pensa é alguma coisa, mantendo-se imune à suspeita que se impõe à qualquer outra, tornando-se a dúvida relevante como conhecimento do fato de que eu duvido.

Encontrando os seus limites no próprio ato de duvidar, o pensamento em ato, a dúvida radical converge para a emergência da primeira certeza, o *Cogito*, que inaugura a "cadeia de razões" que, segundo a concepção que envolve uma '*mathesis universalis*' capaz de resolver indiferentemente todos os problemas, carrega a possibilidade de tornar o desconhecido um termo que será necessariamente descoberto através de uma construção que se impõe, pois, a partir do já conhecido, do primeiro elo que a ele conduza, tendo em vista a leitura que remete a uma ordem natural caracterizando a progressão do saber.

Ao conhecimento como um processo envolvendo uma relação de identificação com o objeto, o que se impõe é o princípio que atribui à ideia a condição que a encerra como único objeto imediato que se lhe está disposto, convergindo para a perspectiva que implica que a existência da ideia no âmbito do pensamento e a existência do objeto representado não guardam necessariamente correspondência, configurando uma tendência que sobrepõe à assimilação ou identidade da ideia quanto ao objeto conhecido a assimilação e a identidade da ordem das ideias no tocante à ordem dos objetos conhecidos[152].

---

[152] Conforme subentendido na Regra V (Descartes, 1989, pp. 31-32), a despeito da leitura cartesiana não escapar às fronteiras que encerram a concepção da ideia no sentido que implica "quadro" ou "imagem" da coisa, segundo o que expõe a Meditação Terceira. (Descartes, 1996)

Os direitos da razão e a sua autoprodução entre o sistema de conhecimento de Descartes, o projeto crítico de Kant e o *idealismo absoluto* de Hegel    Luiz Carlos Mariano da Rosa

Se o problema do eu emerge do sistema de conhecimento cartesiano e alcança, a partir de então, a condição de objeto da investigação filosófica, convergindo para o horizonte que o encerra sob a acepção de consciência, que implica relação consigo mesmo, subjetividade, em suma, ao princípio da verdade o que se impõe, através da experiência do *Cogito*, não é senão a certeza que o eu alcança no que tange à sua própria existência, o que implica, em nome do referido ato ou manifestação, na construção da identidade entre ambas, delineando a perspectiva em questão o viés característico da filosofia moderna.

Pretendendo demonstrar a impossibilidade da suspensão do assentimento ou da permanência de caráter firme e constante nas fronteiras da dúvida, Santo Agostinho recorre ao *Cogito* para se contrapor ao ceticismo acadêmico, sustentando, pois, que na dúvida está a própria certeza que converge para a verdade, à medida que a dúvida que se lhe impõe o sujeito produz a certeza de que duvida, tanto quanto de que vive e pensa[153]. Se tal pensamento perfaz uma tendência que emerge da leitura de Tomás de Aquino e alcança, na mesma época de Descartes, Campanella, em cuja perspectiva o princípio em questão assinala a sobreposição da "noção inata de si" no tocante à qualquer outro tipo de conhecimento, a leitura de Descartes implica, em suma, uma formulação que consiste em um postulado metodológico que se impõe à filosofia da consciência, não escapando a sua validez nem mesmo aos que não o reconhecem dessa forma, tais como, entre outros, Locke e Kant, além de Husserl e Heidegger[154].

Pela palavra pensamento entendo tudo quanto ocorre em nós de

---

[153] "Pois, se me engano, existo. Quem não existe não pode enganar-se; por isso, se me engano, existo. Logo, quando é certo que existo, se me engano? Embora me engane, sou eu que me engano e, portanto, no que conheço que existo, não me engano. Segue-se também que, no que conheço que me conheço, não me engano. Como conheço que existo, assim conheço que conheço." (Agostinho, 2001, Parte II, XI, XXVI)

[154] Se para Locke o *Cogito* é "o mais alto grau de certeza", Kant o interpreta sob a acepção que envolve a própria *apercepção pura* ou consciência reflexiva, constituindo-se na leitura husserliana o ponto de partida da sua filosofia, como também a estrutura da experiência vivida (*Erlebniss*) ou consciência, perfazendo um princípio cuja validade nem a perspectiva heideggeriana contesta.

tal maneira que o notamos imediatamente por nós próprios; é por isso que compreender, querer, imaginar, mas também sentir, são a mesma coisa que pensar.[155]

À condição de paternidade do idealismo moderno, que se lhe atribui o *Cogito* como base de sua dedução metafísica, o que se impõe, sobrepujando o reducionismo que caracteriza a interpretação da construção cartesiana, simplificando o sentido do fundamento em questão, não é senão um trabalho que mantém relação com a existência, conforme assinala o referido texto, consistindo em uma experiência que acena com a sua determinação e converge para a possibilidade que implica, pois, a sondagem do Ser.

Convergindo para as fronteiras que encerram questões que envolvem desde a função até o objetivo, a noção de instrumentalidade se impõe ao corpo, segundo a concepção que emerge da Antiguidade e implica tanto o reconhecimento do seu valor como tal como a sua transformação em objeto de crítica, alcançando a leitura de Aristóteles relevância no que concerne à elaboração da

---

[155] Descartes, 1997, pp. 29-30.

referida perspectiva, que se lhe atribui o sentido de instrumento natural da alma (depois da condenação imposta pela doutrina dos órficos e pela filosofia de Platão). A referida posição o materialismo não deixava de corroborar, se lhe conferindo um caráter instrumental, conforme o exposto no pensamento de Epicuro e no estoicismo, tanto quanto no materialismo hobbesiano, não se lhe escapando também o viés do espiritualismo, contraposto àquele, tal qual o exemplifica o caso do neoplatonismo (Plotino). Assim, perfaz um conceito que determina a visão filosófica medieval (S. Tomás de Aquino) e que somente encontra resistência diante do "dualismo cartesiano"[156], que se lhe sobrepuja e produz, antes da

---

[156] "(..) Do ponto de vista ontológico, o termo 'dualismo' sugere um contraste, por um lado com o monismo (a concepção de que há apenas uma substância, que tem seu representante mais famoso em Spinoza), e, por outro, com o pluralismo (a concepção, mantida, por exemplo, por Leibniz, de que o universo contém uma pluralidade infinita de substâncias). Mas os números ('uma', 'duas', 'muitas') podem ser muito enganadores aqui. Pois no que diz respeito às mentes, Descartes é um pluralista: cada mente individual humana é uma substância isolada e distinta. (...). No caso da substância corpórea, ao contrário, Descartes adota o ponto de vista monista: corpos individuais, tais como rochas, pedras e planetas, não são substâncias, mas, simplesmente,

independência da alma em face do corpo, a independência do corpo no que se refere à alma, o que configura a introdução de um elemento inovador na esfera do conhecimento.

À oposição que caracteriza a relação envolvendo mente (alma ou consciência) e matéria (corpo), o que se impõe, pois, é uma unidade baseada na natureza da experiência sensorial, que escapa à condição que implica uma qualidade de *res cogitans* e converge para as fronteiras que encerram um pertencimento que se refere a mim, sob a acepção de uma criatura dotada de um corpo, remetendo à integralidade que carrega a noção de um ser humano, à medida que se uma *res cogitans* traria em sua formação o intelecto e a volição[157], o caráter puramente material (*res*

---

modificações da matéria extensa que está em toda parte." (Cottingham, 1995, p. 56)

[157] O intelecto (a percepção do entendimento) e a volição (ação da vontade) perfazem, pois, os dois modos de pensamento, segundo a leitura cartesiana: "Todas as maneiras de pensar que experimentamos em nós podem reduzir-se a duas gerais: uma consiste em apreender pelo entendimento e a outra em determinar-se pela vontade. Assim, sentir, imaginar e mesmo conceber coisas puramente inteligíveis são formas

extensa) o circunscreveria ao âmbito de um autômato mecânico, não constituindo a sensação um elemento da essência de minha mente mas um modo da consciência, tendo em vista que a experiência em questão não resulta senão da união essencial entre uma coisa pensante e um corpo.

> A natureza me ensina, também, por esses sentimentos de dor, fome, sede, etc., que não somente estou alojado em meu corpo, como um piloto em seu navio, mas que, além disso, lhe estou conjugado muito estreitamente e de tal modo confundido e misturado, que componho com ele *um único todo*. (...). Pois, com efeito, todos esses sentimentos de fome, de sede, de dor, etc., nada são exceto maneiras confusas de pensar que provêm e dependem da *união* e como que da *mistura* entre o espírito e o corpo.[158]

Se a leitura cartesiana assinala, pois, que tudo o que a natureza ensina contém alguma verdade[159], o que se impõe

---

diferentes de apreender; mas desejar, ter aversão, confirmar, negar e duvidar são formas diferentes de querer." (Descartes, 1997, p. 39)

[158] Descartes, 1996, pp. 328-329, grifos meus.

[159] "E, primeiramente, não há dúvida de que tudo o que a natureza me ensina contém alguma verdade. Pois, por natureza considerada em geral, não entendo agora outra coisa senão o próprio Deus, ou a ordem e a disposição que Deus estabeleceu nas coisas criadas." (Descartes, 1996, p.

não é senão o fato que implica a posse de um corpo e a experiência que está atrelada a referida condição, corpo este que, em relação à essência (substância pensante), guarda conjugação tão estreita que o eu compõe com ele um todo único, "mistura de fato" que se sobrepõe ao "dualismo de direito", convergindo para a noção de que o ser humano é totalmente corpo e totalmente espírito, à medida que o que se impõe é uma "união substancial" que, em virtude do fenômeno da sensação não se restringir ao corpo ou se circunscrever à mente, carrega um caráter irredutível, acenando com uma temática fundamental da Antropologia moderna.

Nesta perspectiva, o que se impõe à relação envolvendo o intelecto e a vontade é uma condição que, longe de perfazer uma tensão entre livre-arbítrio e determinismo, converge para a sua pressuposição em um sistema que assinala uma liberdade que escapa à circunscrição de um poder "bidirecionável" ou contracausal que implique uma escolha em detrimento de outra,

---

328)

designando um exercício que guarda espontaneidade, carregando simultaneamente um caráter inevitável, no que concerne à decisão que encerra uma resposta certa imediatamente evidente, tendo em vista a emergência da verdade e da sua simplicidade e clareza sob a influência da razão, diante de cuja luz o que cabe não é senão o assentimento, segundo a leitura cartesiana, que identifica a verdadeira liberdade como aquela que se sobrepõe à indiferença e consiste na escolha esclarecida através do conhecimento da verdade[160].

Se o teocentrismo se impõe como eixo referencial do arcabouço do pensamento medieval, descobrindo a sua subjetividade através do *Cogito* o homem moderno torna-se o horizonte de intersecção que a partir de então abrange

---

[160] "Descartes distingue dois níveis da liberdade:

- a *liberdade de indiferença* é o estado em que está a vontade quando não é levada, pelo conhecimento daquilo que é verdadeiro e bom, a tomar um partido em detrimento de outro;

- a verdadeira liberdade exclui a indiferença e designa a *escolha esclarecida* pelo conhecimento da verdade." (Baraquin; Laffitte, 2004, p. 119, grifos do autor)

dos interesses às decisões que o mundo implica à medida que, escapando à realidade inquestionada do objeto – e à capacidade humana de conhecê-la –, a preocupação converge para a questão que envolve a "consciência da consciência", emergindo, nesse contexto, o sujeito cognoscente, não mais o objeto conhecido, como o nó do conhecimento, fenômeno que, não se circunscrevendo ao âmbito científico, cuja silhueta estrutural nesse processo sócio-histórico define, inclina-se inclusive sobre a esfera da própria religião, tendo em vista a defesa dos adeptos da Reforma, no caso, quanto ao direito de construção, por parte do indivíduo, de uma relação com a textualidade bíblica que não reclame a participação de qualquer autoridade senão daquela que, constituída em si (racionalidade), possibilita, enfim, através do livre exame, o exercício da interpretação.

Nessa perspectiva, acenando para um horizonte que guarda indícios que propõem um mundo carregado de positividade, a filosofia cartesiana não deixa de anunciar o domínio humano sobre as potências da natureza à medida que a leitura da causalidade encerra a noção que implica a possibilidade que converge para o *leitmotiv* do homem póscartesiano, a saber, a produção de efeitos em função da colocação em ação de causas adequadas, cujas fronteiras, que mantém a natureza integrada em um universo de máquinas, permanecem inter-relacionadas ao propósito que emerge da construção em questão e que não se impõe senão como a organização do mundo objetivando a felicidade terrestre dos homens.

Ora, a fim de que, como ciência, possa ter a pretensão não apenas a uma persuasão enganadora, mas ao conhecimento e à convicção, é preciso que uma crítica da própria razão exponha toda a provisão dos conceitos *a priori*, a sua divisão segundo as diversas fontes, a sensibilidade, o entendimento e a razão; além disso, um quadro completo dos mesmos e a análise de todos estes conceitos com tudo o que deles pode ser deduzido, mas, em seguida, sobretudo a possibilidade do conhecimento sintético *a priori* por meio da dedução destes conceitos, os princípios e também, finalmente, os limites do seu emprego; tudo isso, porém, num sistema completo. Portanto, a crítica, e só ela, contém o plano inteiro bem estudado e provado, mais, todos os meios de realização para que a metafísica possa surgir como ciência; por outros caminhos e meios, é impossível.[161]

Se, segundo o exposto no Capítulo 2, como no caso

---

[161] *Prol.* A 189, p. 163, grifos do autor.

da sensibilidade em relação à estética transcendental, à uma lógica transcendental se impõe o isolamento do entendimento, destacando do conhecimento a parte do pensamento que se origina deste, o horizonte que emerge deste conhecimento puro se mantém sob a condição da disponibilização de objetos na intuição que se submeta à sua aplicação, tendo em vista a inter-relação que envolve intuição e conhecimento em um processo que, sem os objetos, tende ao vazio.

Nesta perspectiva, pois, se nenhum conhecimento pode contradizer os princípios em questão sem convergir, simultaneamente, para o comprometimento que envolve toda relação a qualquer objeto e, consequentemente, toda a verdade, à medida que incorre na perda de todo o conteúdo, recorrer somente a esses conhecimentos puros do entendimento, utilizando-os para além dos limites da experiência, se impõe como irresistível, engendrando o risco quanto ao uso de princípios estritamente formais no exercício de julgar indistintamente objetos que não se dispõem, os quais talvez de nenhum modo o sejam.

Cânone para estabelecer juízos do uso empírico (do entendimento), avaliando-o, a lógica converge para o horizonte do erro à medida que incorpora o valor de *órganon*[162] para uso geral e ilimitado, constituindo-se uma inadequação, quanto aos objetos em geral, a utilização do entendimento puro no processo que envolve o julgamento, a afirmação e a decisão sintética a respeito deles, procedimento que seria dialético, segundo Kant, que propõe a crítica da aparência dialética na segunda parte da lógica transcendental, denominando-a dialética transcendental, que, escapando à acepção de arte de múltiplas prestidigitações metafísicas, emerge como crítica do entendimento e da razão que traz como objetivo desmascarar a falsa aparência de tais presunções sem fundamento e reduzir as suas pretensões de descoberta e

---

[162] "Com efeito, por *órganon* entendemos uma indicação da maneira de levar a cabo um certo conhecimento. Mas isso implica que eu já conheça o objeto de conhecimento a ser produzido segundo essas regras. Por isso, um órganon das ciências não é uma mera Lógica [Formal], porque ele pressupõe o conhecimento exato das ciências, dos seus objetos e de suas fontes." (JL: A 5)

extensão, que a razão supõe alcançar unicamente graças aos princípios transcendentais.

À questão que envolve a constitutividade do conhecimento científico físico-matemático se impõe a conclusão que assinala que os juízos analíticos (verdadeiros, universais, necessários, *a priori*, em suma, os quais, exemplificados pela expressão "o triângulo tem três ângulos", acenam para o princípio de identidade), carregam um caráter tautológico (*tauto*, o mesmo, *logia*, dizer), tornando-se inaptos no tocante à descoberta da realidade, emergindo apenas para instrumentalizar a exposição do saber adquirido, não encerrando a possibilidade de estruturalizar a ciência, que escapa também à circunscrição dos juízos sintéticos (particulares e contingentes, *a posteriori*, em síntese, que se expõem quando se diz "que o calor dilata os corpos", por exemplo, tendo como origem a experiência, a percepção sensível), convergindo para as fronteiras que encerram a necessidade acerca da inter-relação das caracterizações de ambos, à medida que o que importa não é senão que os seus juízos sejam *a priori*, guardando independência quanto à experiência, não analíticos, contudo, mas sintéticos, objetivos, pois, simultaneamente.

Se a crítica da razão converge para as fronteiras da ciência, o uso dogmático da razão, acriticamente, engendra, contrariamente, afirmações infundadas, tanto quanto o ceticismo, o que implica que, não se ocupando dos objetos da razão cuja variedade se impõe como infinita, como ciência não deve alcançar uma extensão inapreensível, detendo-se, pois, tão somente no âmbito da própria razão, inclinando-se sobre problemas inerentes à sua área, os quais emergem, sendo propostos, não pela natureza das coisas, que guarda distinção em relação à elas, senão pela sua própria natureza, visto que, conhecendo a sua capacidade quanto aos objetos que a experiência pode propor, não enfrentará dificuldades para determinar de modo completo e seguro a extensão e os limites da sua utilização, para além das fronteiras da experiência.

À constituição dogmática de uma metafísica, cujo horizonte analítico esgota-se através da mera decomposição de conceitos instalados *a priori* na razão, se impõe uma autêntica ciência, da qual aquela caracteriza-se como preliminar, à medida que acena para carregar a possibilidade de ampliar sinteticamente o conhecimento *a priori*.

A distinção das *ideias*, isto é, dos conceitos puros da razão, relativamente às categorias ou conceitos puros do entendimento, enquanto conhecimentos de um tipo, origem e uso inteiramente diversos, é uma coisa tão importante para a fundamentação de uma ciência, a qual deve conter o sistema de todos os conhecimentos *a priori*, que, sem uma tal distinção, a metafísica é absolutamente impossível ou, quando muito, é uma tentativa incorrecta [sic] e apressada de construir com pedaços um castelo de cartas sem conhecimento dos materiais com que se lida e da sua conveniência para este ou aquele uso. Se a Crítica da razão pura tivesse apenas conseguido primeiramente realçar esta distinção, teria já assim contribuído mais para esclarecer o nosso conceito e dirigir a investigação no campo da metafísica, do que todos os esforços inúteis para satisfazer os problemas transcendentes da razão pura, que desde sempre se empreenderam, sem jamais se suspeitar que nos encontramos num campo inteiramente diverso do do entendimento e que, por conseguinte, se enumeravam, de uma assentada, conceitos do entendimento e conceitos da razão, como se fossem de uma só e mesma espécie.[163]

Se através da Crítica da razão pura Kant demonstra a inacessibilidade para o conhecimento teórico (consciência

---

[163] *Prol.*, § 41, grifos do autor.

cognoscente) dos objetos metafísicos, a possibilidade de alcançá-los converge para a razão prática, a consciência moral e seus princípios, que encaminhando àquilo que existe realmente, se impõe àquela que não tem outra função senão o conhecimento deste mundo real, subordinado, que envolve os fenômenos, que não se impõe senão como um trânsito ou uma passagem no que tange ao mundo essencial dessas "coisas em si mesmas", a saber, Deus, o reino das almas livres e as vontades puras.

Nessa perspectiva, pois, a realidade histórica adquire sentido, visto que à sua relativa imperfeição se impõe as ideias e os postulados da razão prática, que possibilitam a ordenação de cada um dos períodos de acordo com as referências de progresso ou regresso, aparecendo no horizonte da filosofia dois problemas que se tornarão objetos da abordagem filosófica pós-kantiana, a saber: a teoria da história e o propósito de conferir à moral preeminência em relação à teoria.

Ao problema fundamental da metafísica, que envolve a questão "o que existe?", impõem-se, através do desenvolvimento do pensamento na história filosófica, duas perspectivas, a saber, o realismo e o idealismo. Se o realismo, que traz a leitura aristotélica como paradigma, defende que as coisas existem, caracterizando o mundo formado por todas elas como o conjunto das existências reais, as quais, segundo Aristóteles, são designadas como substância (*Substanz*), que guarda um sentido existencial, tendo, além disso, uma essência, como também acidentes, o idealismo, que se impõe através de Descartes, alcançando a sua máxima realização em Kant, propõe que o que existe é o pensamento, único que se expõe imediatamente à intuição, não as coisas.

Se o conhecimento, de acordo com a leitura aristotélica, consiste em duas operações, a saber, a formação do conceito das essências e a colocação de todas as percepções sensíveis sob cada conceito, emergindo o eu que conhece como uma substância racional, o pensamento, de acordo com a perspectiva idealista, impõe-se como uma correlação entre o sujeito pensante e o objeto pensado, eliminando, dessa forma, a coisa ou substância "em si mesma", convergindo, através de Kant, para a noção de que é a atividade do pensar a responsável pela criação do objeto como o objeto pensado, tendo em vista que o ato de pensá-lo guarda relação com a sua objetivação, tanto quanto com a sua concepção como tal, e, consequentemente, com a atribuição da qualidade em questão, superando o resíduo de realismo que a perspectiva de Descartes, dos ingleses e de Leibniz ainda carregava, leitura que acena também para o horizonte do sujeito, que emerge como tal na correlação do conhecimento em face do pensar (porque o faz - e em tanto e quanto que pensa).

Aperfeiçoando o pensamento idealista, Kant, eliminando a "coisa em si" (*Ding an sich*), cujo sentido envolve a satisfação do afã de unidade (incondicionalidade) que a razão demanda, propõe uma ideia que muda completamente a perspectiva do conhecimento científico, a saber, a transformação do absoluto, que não mais se põe como atual, em potencial, pois o ato cognoscitivo reclama a determinação de uma rede de relações através da qual se movimenta objetivando alcançar o absoluto incondicionado, ao qual a progressividade relativizante do conhecimento humano não corresponde, embora represente uma necessidade, tratando-se, em suma, de um ideal regulador, estrutura formal do processo em questão.

Aspiração do conhecimento, o absoluto incondicionado emerge como o conjunto das condições *a priori* da possibilidade da consciência moral, cuja primazia caracteriza o sistema kantiano, diferenciando-o dos seus predecessores, pois se o ponto de partida da sua filosofia traz como fundamento a ciência físico-matemática, tanto quanto o fato da razão prática (consciência moral), aos pós-kantianos se impõe "esse algo absoluto e incondicionado" que confere sentido e progressividade ao conhecimento, funcionando como base para a validação dos juízos morais.

Se, conforme assinala o Capítulo 3, na circunscrição do movimento dialético, escapando ao horizonte da anterioridade e da exterioridade em relação ao Estado, a existência e o desenvolvimento da família e da sociedade civil somente se impõem em seu âmbito, esta última (a sociedade civil, no caso) corresponde à esfera intermediária (entre a família e o Estado), que, à medida que emerge como o arcabouço das atividades econômicas, converge para as fronteiras dos interesses privados que, carregando desde sempre entre si forças antagônicas, expõe, porque engendram, diferencialidades socioeconômicas, entre outros vetores que não acenam senão para a construção de um nicho de combates, um teatro de rivalidades que tende a ameaçar a coletividade, tornando-se imprescindível a sujeição a uma ordem superior (a saber, a soberania do Estado), posto que o seu reconhecimento possibilita ao indivíduo a consciência de agir em busca do bem coletivo.

Constituir a soberania a afirmação do caráter ideal de toda a legitimidade particular não significa, ao contrário do que muitas vezes se julga, que se possa considerá-la como uma força absoluta, uma vazia arbitrariedade, e confundi-la assim com o despotismo. Caracteriza o despotismo aquela ausência de lei em que a vontade particular enquanto tal seja a de um monarca, seja a de um povo, vale como lei ou, antes, vale em lugar da lei. Pelo contrário, no Estado constitucional legal, a soberania representa o que há de ideal nos domínios e atividades particulares; isso significa que tal domínio não é algo de autônomo e independente nos seus fins e modalidades, de fechado em si mesmo, pois nos seus fins e modalidades é definido pelos fins do conjunto (que em geral são designados, numa expressão vaga, por bem do Estado).[164]

Se o *homo oeconomicus* carrega como motivação efetiva o interesse, a sociedade civil se impõe como o sistema que, caracterizado fundamentalmente pela instabilidade, estabelece a inter-relação que envolve as necessidades egoístas, interseccionando livremente a sua satisfação, possibilitando a expressão da força criadora do homem em sua individualidade, guardando a sua atividade imbricação com os demais com os quais se corresponde em um processo no qual a nenhuma ação se permite a condição de exterioridade, tendo em vista que "todo trabalho 'privado' é um trabalho 'público'", segundo a ênfase da leitura de Adam Smith[165], que identifica a "harmonia 'exterior'" que

---

[164] Hegel, 1997, p. 253-254.

[165] "Segundo Adam Smith, existe uma ordem harmoniosa e benéfica das coisas, que se manifesta sempre que a natureza fica entregue a si mesma. As instituições humanas muitas vezes alteraram ou perturbaram a ordem natural, mas esta ainda pode ser encontrada sob as superestruturas históricas que a ocultam. Deve ser tarefa da ciência descobrir as leis determinantes dessa ordem e prescrever os meios pelos quais ela pode ser integralmente realizada nas sociedades humanas. Abolidos os sistemas de proteção ou de restrição, 'o sistema simples e

emerge através daqueles que, "produzindo", buscando cada um o seu interesse pessoal, em suma, concorrem para o bem geral não se inclinando o indivíduo, sob tal perspectivação, senão a ser o que faz.

> Como os indivíduos da coletividade são seres espirituais que, por isso, contêm os dois elementos de individualidade extrema consciente e voluntária e de universalidade extrema que conhece e quer a realidade substancial, como, portanto, tais indivíduos só conseguem justificar esses dois aspectos quando agem como pessoas privadas e ao mesmo tempo como pessoas substanciais - nas esferas indicadas alcançam, por outro lado, a primeira realidade imediatamente e, por outro lado, a segunda através de dois meios: nas instituições que são o que há de virtualmente universal, nos seus interesses particulares, têm eles a essência da sua consciência de si, e essas instituições lhes dão a seguir, nas corporações, uma atividade e uma ocupação dirigidas para um fim universal.[166]

Nessa contextualidade, pois, o princípio do interesse - a cujo horizonte o indivíduo, "atomizado", não escapa -, se impõe para constituir um arcabouço no qual cada um

fácil da liberdade natural instaura-se por si mesmo'. A única regra que esse sistema comporta é a *liberdade ilimitada* dos sujeitos econômicos. De fato, em virtude dessa liberdade, permite-se a ação da força natural própria da natureza humana, que, com sua ação constante em todos os homens, garante a realização da ordem econômica: a tendência egoísta" (Abbagnano, 2007, p. 300, grifos do autor).

[166] Hegel, 1997, p. 229.

torna-se adversário dos outros, emergindo inevitavelmente o conflito no âmbito de cada atividade produtiva, tanto quanto entre as profissões, em face da concorrência, convergindo a sociedade para as fronteiras da oposição das classes[167], tendo em vista que

> Os meios infinitamente variados, bem como o movimento que os determina reciprocamente pela produção e pela troca, conduzem, por causa da universalidade imanente que possuem, a uma conjugação e a uma diferenciação em grupos gerais. Este todo adquire, então, a figura de um organismo formado por sistemas particulares de carências, técnicas e trabalhos, modos de satisfazer as carências, cultura teórica e prática, sistemas entre os quais se repartem os indivíduos, assim se estabelecendo as diferenças de classes.[168]

A divisão do trabalho, pois, que se impõe a qualquer atividade laboriosa, que demanda, em suma, uma distribuição dos encargos que encerram simultaneamente a ordem e a desordem, o sistema e a contradição, a igualdade formal e o antagonismo real, converge para a definição da

---

[167] A saber, "aquelas às quais a contingência histórica deu a posse dos meios de subsistência e aquelas que, na privação, *são apenas o que fabricam*" (Châtelet, 1995, p. 131, grifos meus).

[168] Hegel, 1997, p. 180.

Os direitos da razão e a sua autoprodução entre o sistema de conhecimento de Descartes, o projeto crítico de Kant e o *idealismo absoluto* de Hegel    Luiz Carlos Mariano da Rosa

condição de uma organização social que, sob a acepção de "campo de batalha dos interesses individuais de todos contra todos", a saber, a sociedade civil, segundo a concepção hegeliana[169], não acena senão para a perspectiva que envolve um "sistema" que, trazendo como base os interesses individuais, propõe o êxito para cada um enquanto destina todos a um conflito mortal.

O império do direito privado só ilusoriamente é o da liberdade. A partir daí, esta reflui para si, compreende que tem de ser ela mesma seu próprio fundamento e que erraria em buscar fora de si o princípio de sua legitimação. À exteriorização na propriedade, no 'ter', se opõe logicamente a interiorização moralista. Esta é a negação abstrata daquela: doravante, é em si mesmo, como subjetividade, que o sujeito se constituirá como *ser* livre. No entanto, é bastante claro que a empíria desmente essa exigência. O 'sujeito' de que se trata aqui não é o lugar mesmo onde se exercem as determinações as mais confusas e contraditórias? (...) É preciso, apesar da empíria, que o sujeito seja livre (senão, não é mais *sujeito*): *deve* sê-lo...[170]

A possibilidade de querer. Eis o significado para cujas fronteiras converge, nessa perspectiva, a leitura que implica

---

[169] Hegel, 1997, p. 267.

[170] Châtelet, 1995, pp. 128-129, grifos do autor.

a liberdade humana, tendo em vista que o seu próprio desejo, que emerge como que sujeito às forças da determinação animal, "se constitui, enquanto tal, como desejo humano", tornando desnecessária qualquer demonstração nesse sentido, segundo Hegel, cujo pensamento, transpondo o âmbito dos debates envolvendo o "livre-arbítrio"[171] individual, dialoga com um horizonte que assinala que "o homem não é um animal", à medida que a distinção do homem no que tange ao animal não se

---

[171] "A representação mais vulgar que se faz da liberdade é a do livre-arbítrio, meio-termo que a reflexão introduz entre a vontade simplesmente determinada pelos instintos naturais e a vontade livre em si e para si. Quando ouvimos dizer, de um modo absoluto, que a vontade consiste em poder fazer o que se queira, podemos considerar tal concepção como uma total falta de cultura do espírito, nela não se vê a mínima concepção do que sejam a vontade livre em si e para si, o direito, a moralidade, etc.

A reflexão, generalidade e unidade formais da consciência de si, é a certeza abstrata que a vontade tem da sua liberdade, mas essa não é ainda a verdade pois ela ainda não se tem a si mesma como fim e como conteúdo e o aspecto subjetivo ainda é diferente do aspecto material. O conteúdo desta determinação ainda está, por conseguinte, simplesmente limitado; longe de construir a vontade em sua verdade, o livre-arbítrio é antes a vontade enquanto contradição." (Hegel, 1997, p. 22-23)

impõe senão como humana, e não como animal [172].

Conclusão:

(...) A partir do momento em que o conteúdo, o objeto e o fim do querer passam a ser ele mesmo, o universal, como forma infinita, o querer deixa de ser apenas a vontade livre em si, para ser também a vontade livre para si: é a Ideia em sua verdade."[173]

---

[172] "Tem o animal um círculo limitado de meios e modalidades para satisfazer as suas carências também limitadas, mas o homem, até no que tem dessa dependência animal, manifesta o poder de lhe escapar, e bem assim a sua universalidade, primeiro pela multiplicação das carências e dos meios, depois pela divisão e distinção das carências concretas em particularizadas, portanto mais abstratas." (Hegel, 1997, p. 174)

[173] Hegel, 1997, p. 25.

Os direitos da razão e a sua autoprodução entre o sistema de conhecimento de Descartes, o projeto crítico de Kant e o *idealismo absoluto* de Hegel     Luiz Carlos Mariano da Rosa

# REFERÊNCIAS BIBLIOGRÁFICAS

ABBAGNANO, Nicola. **Dicionário de Filosofia**. Tradução da 1ª edição brasileira coordenada e revista por Alfredo Bossi (revisão da tradução e tradução dos novos textos: Ivone Castilho Benedetti). 5. ed. (revista e ampliada). São Paulo: Martins Fontes, 2007.

AGOSTINHO. **A Cidade de Deus**. Tradução de Oscar Paes Lemes. 4. ed. Rio de Janeiro: Editora Vozes, 2001.

AGOSTINHO. **A Trindade**. Tradução de Agustinho Belmonte. 2. ed. São Paulo: Paulus, 1995.

BARAQUIN, N.; LAFFITTE, J. **Dicionário de Filósofos** (Dictionnaire des Philosophes). Tradução de Pedro Elói Duarte. Coleção Lexis. Lisboa: Edições 70, 2004.

CHÂTELET, F. **Hegel**. Tradução de Alda Porto. Rio de Janeiro: Jorge Zahar, 1995.

COTTINGHAM, J. **Dicionário Descartes**. Tradução de Helena Martins. Rio de Janeiro: Jorge Zahar, 1995.

DESCARTES. René. **Os Pensadores**. Tradução de J. Guinsburg e Bento Prado Júnior. São Paulo: Nova Cultural, 1996.

DESCARTES. René. **Princípios da filosofia.** Tradução de João Gama. Coleção Textos Filosóficos. Lisboa: Edições 70, 1997.

DESCARTES. René. **Regras para a direção do espírito.** Tradução de João Gama. Coleção Textos Filosóficos. Lisboa: Edições 70, 1989.

DUVIGNAUD, Jean. **A sociologia:** guia alfabético. Tradução de Ivan Pedro de Martins. Rio de Janeiro: Forense-Universitária, 1974.

HEGEL, George W. F. **A Fenomenologia do Espírito.** Parte I. Tradução de Paulo Meneses (com a colaboração de Karl-Heinz Efken) e apresentação de Henrique Cláudio de Lima Vaz. 2 ed. Petrópolis (RJ): Vozes, 1992.

HEGEL, George W. F. **Ciencia de la Logica.** 2. vol. 6. ed. Tradução de Augusta e Rodolfo Modolfo. Buenos Aires: Librarie Hachette, 1993.

HEGEL, George W. F. **Enciclopédia das ciências filosóficas em compêndio.** Tradução de Paulo Meneses e José Nogueira Machado. Vol. I, II, III. São Paulo: Edições Loyola, 1995.

HEGEL, George W. F. "Geschichte der Philosophie". In: HEGEL, G. W. F. **Werke in Zwanzig Bänden.** Vol. XX. Frankfurt: Suhrkamp Verlag, 1971.

HEGEL, George W. F. **Princípios da filosofia do direito.** Tradução de Orlando Vitorino. 1. ed. São Paulo: Martins Fontes, 1997.

HEGEL, George W. F. **Os pensadores.** Seleção, tradução e notas de Henrique Cláudio de Lima Vaz. 2. ed. São Paulo: Abril Cultural: 1980.

HEGEL, George W. F. **Werke in Zwanzig Bänden.** Vol. XX. Frankfurt: Suhrkamp Verlag, 1971.

HYPPOLITE, Jean. **Introdução à História da Filosofia de Hegel.** Tradução de Hamílcar de Garcia. Rio de Janeiro: Civilização Brasileira, 1971.

JAPIASSÚ, Hilton; MARCONDES, Danilo. **Dicionário Básico de Filosofia.** 5 ed. Rio de Janeiro: Jorge Zahar, 2008.

KANT, Immanuel. Acerca da forma e dos princípios do mundo sensível e do mundo inteligível. In: **Textos Pré-críticos.** Seleção e introdução de Rui Magalhães. Tradução de José Andrade Alberto Reis. Porto: Res, 1983.

KANT, Immanuel. **Crítica da Razão Pura.** Tradução de Manuela Pinto dos Santos e Alexandre Fradique Morujão. 5. ed. Lisboa: Fundação Calouste Gulbenkian, 2001.

KANT, Immanuel. **Fundamentação da Metafísica dos Costumes.** Tradução de Paulo Quintela. Lisboa: Edições 70, 2007.

KANT, Immanuel. **Lógica.** Tradução de Guido Antônio de Almeida. Série Estudos Alemães (93). 2. ed. Rio de Janeiro: Tempo Brasileiro, 1992.

KANT, Immanuel. **Prolegómenos a toda a metafísica futura.** Tradução de Artur Morão. Lisboa: Edições 70, 1988.

MARX, Karl. **Manuscritos econômico-filosóficos.** Tradução, apresentação e notas de Jesus Ranieri. São Paulo: Boitempo Editorial, 2004.

MERQUIOR, José G. A. **Arte e sociedade em Marcuse, Adorno e Benjamin:** ensaio crítico sobre a escola neohegeliana de Frankfurt. Rio de Janeiro: Tempo Brasileiro, 1969.

MORENTE, Manuel García. **Fundamentos de Filosofia:** lições preliminares. Tradução e prólogo de Guillermo de la Cruz Coronado. 3. ed. em português. São Paulo: Mestre Jou, 1967.

OLIVEIRA, M. A. de. Hegel, síntese entre racionalidade moderna e antiga? In: CHAGAS, E. F.; UTZ, K.; OLIVEIRA, J. W. J. (Org.). **Comemoração aos 200 anos da "Fenomenologia do Espírito" de Hegel.** Fortaleza: Edições UFC, 2007, p. 39-63;

ROSENFIELD, Denis L. **Política e Liberdade em Hegel.** São Paulo: Brasiliense, 1983.

Os direitos da razão e a sua autoprodução entre o sistema de conhecimento de Descartes, o projeto crítico de Kant e o *idealismo absoluto* de Hegel     Luiz Carlos Mariano da Rosa

## BIBLIOGRAFIA DO AUTOR

[Ordem cronológica]

### Livros

MARIANO DA ROSA, L. C. **A transformação do sujeito em si mesmo e a fé em Kierkegaard: Abraão, "Pai da Fé" e "Amigo de Deus", como protótipo de um novo ser e de um novo modo de existência.** 1. ed. Beau Bassin, Mauritius: Novas Edições Acadêmicas (OmniScriptum Publishing Group), 2018, v. 1, 105 p.

MARIANO DA ROSA, L. C. **Da propriedade como fundamento ético-jurídico e econômico-político em Locke à vontade geral e o sistema autogestionário em Rousseau.** 1. ed. São Paulo: Politikón Zôon Publicações, 2018. v. 1. 214 p.

MARIANO DA ROSA, L. C. **Os Direitos da Razão e a sua Autoprodução entre o Sistema de Conhecimento de Descartes, o Projeto Crítico de Kant e o Idealismo Absoluto de Hegel.** 1. ed. São Paulo: Politikón Zôon Publicações, 2018, v. 1. 198 p.

MARIANO DA ROSA, L. C. **Hobbes, Locke e Rousseau: do direito natural burguês e a instituição da soberania estatal à vontade geral e o exercício da soberania popular.** 1. ed. São Paulo: Politikón Zôon Publicações, 2018. v. 1. 188 p.

MARIANO DA ROSA, L. C. **O direito de ser homem: liberdade e igualdade em Rousseau.** 1. ed. Saarbrücken/Alemanha: Novas Edições Acadêmicas [OmniScriptum Publishing Group], 2017, 96 p.

MARIANO DA ROSA, L. C. **Determinismo e liberdade: a condição humana entre os muros da escola.** 1. ed. São Paulo: Politikón Zôon Publicações, 2016. v. 1. 394 p.

MARIANO DA ROSA, L. C. **O direito de ser homem: da alienação da desigualdade social à autonomia da sociedade igualitária na teoria política de Jean-Jacques Rousseau.** 1. ed. São Paulo: Politikón Zôon Publicações, 2015. v. 1. 150 p.

MARIANO DA ROSA, L. C. **Mito e filosofia: do *homo poeticus*.** 1. ed. São Paulo: Politikón Zôon Publicações, 2014. v. 1. 293 p.

MARIANO DA ROSA, L. C. **Quase sagrado**. 1. ed. São Paulo: Politikón Zôon Publicações, 2014. v. 1. 123 p.

MARIANO DA ROSA, L. C. **O todo essencial**. 1. ed. Lisboa: Universitária Editora, 2005. v. 1. 167 p.

**Artigos**

MARIANO DA ROSA, L. C. Kierkegaard e a transformação do sujeito em si mesmo entre a vertigem da liberdade e o paradoxo absoluto da fé. **Revista Filosofia Capital - RFC [Brasília, DF]**, v. 13, n. 20, p. 30-46, dez. 2018.

MARIANO DA ROSA, L. C. Kierkegaard e a transformação do sujeito em si mesmo entre a vertigem da liberdade e o paradoxo absoluto da fé. **Saberes: Revista Interdisciplinar de Filosofia e Educação - UFRN [Natal, RN]**, v. 19, n. 2, p. 26-47, ago. 2018.

MARIANO DA ROSA, L. C. Kierkegaard e a transformação do sujeito em si mesmo entre a vertigem da liberdade e o paradoxo absoluto da fé. **Correlatio - UMESP [São Paulo, SP]**, v. 17, n. 1, p. 5-31, ago. 2018.

MARIANO DA ROSA, L. C. Kierkegaard e a transformação do sujeito em si mesmo entre a vertigem da liberdade e o paradoxo absoluto da fé. **Cadernos Zygmunt Bauman - UFMA [São Luís, MA]**, v. 8, n. 17, ago. 2018.

MARIANO DA ROSA, L. C. A oração entre as práticas mágico-religiosas do politeísmo e o *relacionamento pactual* do monoteísmo: da superação do *determinismo da história* em Mircea Eliade à *presença do mistério do ser* em Paul Tillich. **Revista Teológica Doxia – FABRA [PUC-RJ]**, v. 3, n. 3, p. 46-75, jun. 2018.

MARIANO DA ROSA, L. C. Abraão como protótipo de uma nova existência em Mircea Eliade e a fé como movimento envolvendo o finito e o infinito em Kierkegaard. **Revista Diversidade Religiosa – UFPB [João Pessoa, PB]**, v. 8, n. 1, p. 140-166, jun. 2018.

MARIANO DA ROSA, L. C. Abraão, "Pai da Fé" e "Amigo de Deus", como protótipo de um *novo modo de existência* em Mircea Eliade e a fé como *relação absoluta com o absoluto* em Kierkegaard. **Revista Litterarius – Faculdade Palotina [Santa Maria, RS]**, v. 17, n. 1, p. 1-25, jun. 2018.

MARIANO DA ROSA, L. C. O sistema escolar entre o espaço social e o *habitus* segundo o estruturalismo construtivista de Bourdieu. **Revista Interfaces da Educação - UEMS [Paranaíba-MS]**, v. 9, n. 25, p. 273-303, jun. 2018.

DA ROSA, L. C. M. Kierkegaard e a transformação do sujeito em si mesmo entre a vertigem da liberdade e o paradoxo absoluto da fé. **Revista Eletrônica Espaço Teológico / REVELETEO [PUC-SP]** v. 12, n. 21, p. 68-86, jan./jun. 2018.

MARIANO DA ROSA, L. C. A vontade geral e o sistema autogestionário: necessidade, possibilidade e desafios. **Revista Ensaios - UFF [Niterói - RJ]**, v. 11, p. 114-139, dez. 2017.

DA ROSA, L. C. M. A vontade geral e o sistema autogestionário: necessidade, possibilidade e desafios. **Revista Opinião Filosófica [Porto Alegre - RS]**, v. 8, n. 1, p. 476-509, ago. 2017 [*Ética, Direitos Humanos e Teoria Crítica*].

ROSA, L. C. M. A vontade geral e o sistema autogestionário: necessidade, possibilidade e desafios. **ORG**

& DEMO – UNESP [Marília – SP], v. 18, n. 1, p. 37-60, jun. 2017.

ROSA, L. C. M. O sistema escolar entre o espaço social e o *habitus* segundo o estruturalismo construtivista de Bourdieu. **Revista Eletrônica de Educação da Faculdade Araguaia – RENEFARA [Goiânia, GO]**, v. 11, n. 1, p. 155-182, jun. 2017.

MARIANO DA ROSA, L. C. A vontade geral e o sistema autogestionário: necessidade, possibilidade e desafios, **Polymatheia – Revista de Filosofia, UECE [Fortaleza – CE]**, v. 10, n. 16, jan. 2017.

ROSA, L. C. M. O processo formativo-educacional entre a integração durkheimiana e a alienação marxiana. **Cadernos Zygmunt Bauman / UFMA [São Luís, MA]**, v. 6, n. 12, p. 51-85, 2016 [*O legado de Bauman*].

MARIANO DA ROSA, L. C. A vontade geral como processo ético-jurídico de deliberação coletiva e movimento econômico-político de institucionalização do poder. **Revista Direito em Debate – Revista do Departamento de**

Ciências Jurídicas e Sociais da UNIJUI [Ijuí, RS], Ano XXV, n. 46, p. 94-120, jul./dez. 2016.

MARIANO DA ROSA, L. C. A soberania entre a renúncia dos direitos ilimitados do contrato hobbesiano e a "alienação verdadeira" do pacto rousseauniano. **Revista Filosofia Capital - RFC [Brasília, DF]**, v. 11, n. 18, p. 43-61, jan./dez. 2016 [*Discussões filosóficas acerca dos fenômenos da existência humana*].

MARIANO DA ROSA, L. C. O sistema educacional e a racionalização burocrática entre a tipologia das ações humanas e a teoria da dominação de Weber. **Saberes, Revista Interdisciplinar de Filosofia e Educação / UFRN** [Natal, RN], v. 1, n. 14, p. 81-107, out. 2016.

MARIANO DA ROSA, L. C. A propriedade como fundamento ético-jurídico e econômico-político em Locke. **Revista Húmus / UFMA** [São Luís, MA], v. 6, n. 17, p. 80-102, ago. 2016 [*Política, amizade e liberdade na modernidade*].

MARIANO DA ROSA, L. C. A soberania entre a renúncia dos direitos ilimitados do contrato hobbesiano e a "alienação verdadeira" do pacto rousseauniano. **Revista de**

Ciências Humanas - Educação e Desenvolvimento Humano / UNITAU [Taubaté, SP], v. 9, n. 1, ed. 16, p. 115 - 130, jun. 2016 [*Políticas Educacionais*].

ROSA, L. C. M. A lei natural, o direito de propriedade e a coexistência das liberdades: individualismo moderno e liberalismo político no contratualismo de Locke. **Revista Opinião Filosófica [Porto Alegre, RS]**, v. 7, n. 1, p. 303-332, jun. 2016 ["*Dead Dogs Never Die: Hegel and Marx*"].

ROSA, L. C. M. da. A soberania entre a renúncia dos direitos ilimitados do contrato hobbesiano e a "alienação verdadeira" do pacto rousseauniano. **Akrópolis – Revista de Ciências Humanas da UNIPAR [Umuarama, PR]**, v. 24, n. 1, p. 71-84, jan./jun. 2016.

MARIANO DA ROSA, L. C. A propriedade como fundamento ético-jurídico e econômico-político em Locke, publicado em **Hendu – Revista Latino-Americana de Direitos Humanos / UFPA [Belém, PA]**, v. 6, n. 2, p. 87-102, dez. 2015.

MARIANO DA ROSA, L. C. A lei natural, o direito de propriedade e a coexistência das liberdades: individualismo moderno e liberalismo político no contratualismo de Locke. **Filosofando: Revista Eletrônica de Filosofia da UESB** [Vitória da Conquista, BA], v. 3, n. 2, p. 54-75, jul./dez. 2015.

ROSA, L. C. M. da. Do projeto crítico kantiano: os direitos da razão entre a *lógica da verdade* e a *lógica da aparência*. **Revista Cadernos do PET Filosofia / UFPI** [Teresina, PI], v. 6, n. 12, p. 76-91, jul./dez. 2015.

ROSA, L. C. M. da. Determinismo e liberdade no processo de construção do conhecimento: da condição humana entre os muros da escola. **Revista da Faculdade de Educação da UNEMAT** [Cáceres, MT], v. 23, n. 1, ano 13, p. 75-97, jan./jun. 2015.

MARIANO DA ROSA, L.C. Do sistema educacional e o desafio da fundação de um novo homem entre a organização científico-técnica e a formação econômico-social. **Cadernos Zygmunt Bauman / UFMA** [São Luís, MA], v. 5, n. 10, p. 19-41, 2015 [*O ciberpajé e a tecnociência*].

MARIANO DA ROSA, L. C. Da vontade geral como condição para o exercício da soberania popular em Jean-

Jacques Rousseau. **Problemata: Revista Internacional de Filosofia [International Journal of Philosophy] / UFPB [João Pessoa, PB]**, v. 6, n. 2, p. 151-177, 2015.

MARIANO DA ROSA, L. C. Do sistema de conhecimento de Descartes: o "eu" como "coisa em si" e a "consciência da consciência". **Revista Filosofia Capital – RFC [Brasília, DF]**, v. 10, n. 17, p. 39-58, jan./dez. 2015 [*Ética e Noética da Transcendência: fenômenos da consciência, da vida, da morte e do espírito!*].

ROSA, L. C. M. Da vontade geral como condição para o exercício da soberania popular em Jean-Jacques Rousseau. **Revista Latitude da UNIFAL [Maceió, AL]**, v. 9, n. 1, p. 99-130, 2015.

MARIANO DA ROSA, L. C. Do sistema de conhecimento de Descartes: o "eu" como "coisa em si" e a "consciência da consciência". **Revista Húmus / UFMA [São Luís, MA]**, v. 5, p. 2-31, 2015.

ROSA, L. C. M. Do projeto crítico kantiano: os direitos da razão entre a *lógica da verdade* e a *lógica da aparência*. **Studia Kantiana [Natal, RN]**, n. 17, p. 5-26, dez. 2014.

MARIANO DA ROSA, L. C. Do direito de ser homem: da alienação da desigualdade social à autonomia da sociedade igualitária na teoria política de Jean-Jacques Rousseau. **PRACS: Revista Eletrônica de Humanidades do Curso de Ciências Sociais da UNIFAP [Macapá, AP]**, v. 7, n. 2, p. 109-133, jul./dez. 2014 [*Temas e Debates das Humanidades Contemporâneas*].

MARIANO DA ROSA, L. C. Do projeto crítico kantiano: os direitos da razão entre a *lógica da verdade* e a *lógica da aparência*. **Revista Opinião Filosófica [Porto Alegre, RS]**, v. 5, n. 2, p. 85-109, 2014 [*Filosofia & Interdisciplinaridade*].

MARIANO DA ROSA, L. C. Da vontade geral como condição para o exercício da soberania popular em Jean-Jacques Rousseau. **Revista de Ciências Humanas - Educação e Desenvolvimento Humano / UNITAU [Taubaté, SP]**, v. 7, n. 2, p. 205-232, jul./dez. 2014 [*Multiplicidade, Contextos e Interdisciplinaridade*].

MARIANO DA ROSA, L. C. Schopenhauer e Nietzsche: do dualismo metafísico ao princípio da unidade-múltipla.

**Revista Húmus / UFMA [São Luís, MA]**, v. 4, n. 12, p. 59-76, 2014 [*Pluralidade e Diferença*].

MARIANO DA ROSA, L. C. Mito e filosofia: do *homo poeticus*. **Saberes: Revista Interdisciplinar de Filosofia e Educação / UFRN [Natal, RN]**, v. 1, n. 10, p. 36-65, nov. 2014.

MARIANO DA ROSA, L. C. Schopenhauer e Nietzsche: do dualismo metafísico ao princípio da unidade-múltipla. **Revista Filosofia Capital - RFC [Brasília, DF]**, vol. 9, p. 85-98, 2014 [*Edição Especial: Concepções acerca da Verdade: Subjetividade, Educação e Multidimensionalidade*].

MARIANO DA ROSA, L. C. Do bem comum da visão platônico-aristotélica à lógica hobbesiana do contrato social (da ordem mecânica da matéria à ordem final da vontade). **Revista Filosofia Capital - RFC [Brasília, DF]**, vol. 9, n. 16, p. 58-75, jan./dez. 2014 [*A Razão Refletida: Modernidade na Ciência, na Ação, no Direito Natural e seus reflexos na Cultura Contemporânea*].

MARIANO DA ROSA, L. C. Da autoprodução da razão (do absoluto), a chave do devir e a condição humana.

Cognitio-Estudos: Revista Eletrônica de Filosofia - *Philosophy Eletronic Journal* / Centro de Estudos de Pragmatismo / PUC-SP [São Paulo, SP], v. 11, n. 1, p. 68-85, 2014.

MARIANO DA ROSA, L. C. O direito de ser homem: da alienação da desigualdade social à autonomia da sociedade igualitária na teoria política de Jean-Jacques Rousseau segundo a perspectiva do materialismo histórico e dialético. Revista Portuguesa de Ciência Política - *Portuguese Journal of Political Science* / Observatório Político - Associação de Investigação em Estudos Políticos [Lisboa, Portugal], n. 3, p. 11-24, 2013 [*I. Do Humanismo*].

MARIANO DA ROSA, L. C. Da educação inclusiva: das diferenças como possibilidades (da teoria à prática). Revista Zero-a-Seis / UFSC [Florianópolis, SC], v. 15, n. 28, p. 12-33, jul./dez. 2013.

ROSA, L. C. M. Maquiavel e Weber: a lógica do poder e a ética da ação - o "príncipe-centauro" e o "homem autêntico". Revista de Ciências Humanas / UNITAU [Taubaté, SP], v. 6, n. 1, p. 120-143, 2013.

MARIANO DA ROSA, L. C. Da autoprodução da razão (do absoluto), a chave do devir e a condição humana. **Revista Tecer / Centro Universitário Metodista Izabela Hendrix [Belo Horizonte, MG]**, v. 6, n. 10, p. 31-50, mai. 2013.

DA ROSA, L. C. M. Do bem comum da visão platônico-aristotélica à lógica hobbesiana do contrato social (da ordem mecânica da matéria à ordem final da vontade). **Revista Opinião Filosófica [Porto Alegre, RS]**, v. 4, n. 1, p. 267-298, 2013 [*Normativismo e Naturalismo*].

MARIANO DA ROSA, L. C. Maquiavel e Weber: a lógica do poder e a ética da ação - O "príncipe-centauro" e o "homem autêntico". **Opsis - Revista da Unidade Acadêmica Especial História e Ciências Sociais / UFG / Regional Catalão [Catalão, GO]**, v. 13, n. 1, p. 180-199, 2013 [*Dossiê Linguagens, Tecnologias da Informação e Ensino de História*].

ROSA, L. C. M. Educação inclusiva: diferenças como possibilidades (da teoria à prática). **Poiésis - Revista do**

Programa de Pós-Graduação em Educação / UNISUL [Tubarão, SC], v. 7, n. 12, p. 324-346, 2013.

ROSA, L. C. M. Do bem comum da visão platônico-aristotélica à lógica hobbesiana do contrato social (da ordem mecânica da matéria à ordem final da vontade). Revista Aurora / UNESP [Marília, SP), v. 7, p. 81-102, 2013 [Edição Especial / Dossiê: Filosofia].

MARIANO DA ROSA, L. C. Literatura e religião: entre o tudo-dizer e o nada-dizer [do poder-ser]. Revista Tecer / Centro Universitário Metodista Izabela Hendrix [Belo Horizonte, MG], v. 5, n. 8, p. 48-60, 2012.

MARIANO DA ROSA, L. C. Literatura e religião: entre o tudo-dizer e o nada-dizer (do poder-ser). Revista Ciências da Religião - História e Sociedade / Programa de Pós-Graduação em Ciências da Religião do Centro de Educação, Filosofia e Teologia (CEFT) da Universidade Presbiteriana Mackenzie [São Paulo, SP], v. 10, n. 1, p. 163-184, 2012.

MARIANO DA ROSA, L. C. Da educação inclusiva: das diferenças como possibilidades (da teoria à prática). Revista

**Lentes Pedagógicas / Faculdade Católica de Uberlândia [Uberlândia, MG]**, v. 2, n. 1, p. 2-20, 2012 [*Dossiê infância, fundamentos e práticas pedagógicas: inclusão e superação*].

MARIANO DA ROSA, L. C. Da educação inclusiva: das diferenças como possibilidades (da teoria à prática). **Revista Lugares de Educação / UFPB [Bananeiras, PB]**, v. 2, n. 3, p. 78-97, 2012 [*Multitemático*].

ROSA, L. C. M. Maquiavel e Weber: a lógica do poder e a ética da ação - o "príncipe-centauro" e o "homem autêntico". **Revista da Católica: Ensino – Pesquisa – Extensão / Faculdade Católica de Uberlândia [Uberlândia, MG]**, v. 4, n. 8, p. 3-23, 2012 [*Filosofia*].

ROSA, L. C. M. Da autoprodução da razão (do absoluto), a chave do devir e a condição humana. **Revista Semina: Ciências Sociais e Humanas / UEL [Londrina, PR]**, v. 33, n. 2, p. 147-162, 2012.

MARIANO DA ROSA, L. C. Os ídolos da caverna e a sociedade contemporânea: do narcisismo biopsicocultural. **Revista Filosofia Capital - RFC [Brasília-DF]**, v. 6, n. 13, p. 77-85, 2011 [*Miscelânea Filosófica em um Contexto Existencial*].

MARIANO DA ROSA, L. C. Da "revolução copernicana" (do verdadeiro "idealismo transcendental"). **Revista Intuitio / Programa de Pós-Graduação em Filosofia da PUC-RS** [Porto Alegre, RS], v. 4, n. 1, p. 117-133, 2011.

MARIANO DA ROSA, L. C. Da "revolução copernicana" (do verdadeiro "idealismo transcendental"). **Revista Opinião Filosófica** [Porto Alegre, RS], v. 2, n. 2, p. 34-51, 2011 [*Kant: Política e Epistemologia*].

MARIANO DA ROSA, L. C. A vela e o caminho (da construção coletiva do saber). **Revista Teias / Programa de Pós-Graduação em Educação – ProPEd / UERJ** [Rio de Janeiro, RJ], v. 12, n. 25, p. 238-258, mai./ago. 2011 [*Ética, Saberes & Escola*].

MARIANO DA ROSA, L. C. Popper e a objetividade do conhecimento científico: a ciência provisória e a verdade temporária. **Cognitio-Estudos: Revista Eletrônica de Filosofia - Philosophy Eletronic Journal / Centro de Estudos de Pragmatismo / PUC-SP** [São Paulo, SP], v. 8, n. 1, p. 17-28, jan./jun. 2011.

MARIANO DA ROSA, L. C. Do mistério do ser - entre o pensador e o poeta [do da-sein]. **Poros - Revista de Filosofia / Faculdade Católica de Uberlândia** [Uberlândia, MG], v. 3, n. 5, p. 1-21, 2011.

ROSA, L. C. M. Do mistério do ser - entre o pensador e o poeta [do da-sein]. **Revista Filosófica São Boaventura / Fae - Centro Universitário / Instituto de Filosofia São Boaventura** [Curitiba, PR] v. 4, n. 2, p. 77-100, jul./dez. 2011.

MARIANO DA ROSA, L. C. Da educação: do jogo sociocultural e a inter-relação envolvendo modus vivendi e modus essendi. **Acta Scientiarum. Education / UEM** [Maringá, PR], v. 33, n. 2, p. 211-218, July-Dec./2011 [História da Educação].

MARIANO DA ROSA, L. C. Da educação: do jogo sociocultural e a inter-relação envolvendo modus vivendi e modus essendi. **Múltiplas Leituras / Faculdade de Humanidades e Direito - UMESP** [São Paulo, SP], v. 4, n. 2, p. 9-23, 2011 [Dossiê: Violência e Educação].

ROSA, L. C. M. A teoria analítica da ciência e a dialética aristotélica. **Revista Seara Filosófica / UFPel [Pelotas, RS],** v. 4, p. 91-119, 2011.

MARIANO DA ROSA, L. C. Do "vir-a-ser" nietzschiano [Do "instinto natural filosófico"]. **Revista Partes [São Paulo, SP],** v. 11, p. 1, 2011 [*Cultura*].

DA ROSA, L. C. M. Os ídolos da caverna e a sociedade contemporânea: do narcisismo biopsicocultural. **Cadernos Zygmunt Bauman / UFMA [São Luís, MA],** v. 1, n. 2, p. 71-80, Jul. 2011 [*Ética, moral e pós-modernidade*].

DA ROSA, L. C. M. Da essencialização da realidade. **Revista Filosofia Capital - RFC [Brasília-DF],** v. 4, n. 8, p. 46-57, 2009 [*A Condição Humana em Processo de Mutação*].

DA ROSA, L. C. M. Niilismo pós-orgíaco. **Revista Filosofia Capital - RFC [Brasília-DF],** v. 4, p. 59-76, 2009 [*Edição Especial: A Vida é Inevitavelmente Agora!*].

DA ROSA, L. C. M. Autoformação (do "homem completo"). **Revista Filosofia Capital - RFC [Brasília-DF],** v. 4, n. 9, p. 20-35, 2009 [*A Presença da Filosofia no Fazer Humano!*].

Os direitos da razão e a sua autoprodução entre o sistema de conhecimento de Descartes, o projeto crítico de Kant e o *idealismo absoluto* de Hegel    Luiz Carlos Mariano da Rosa

MARIANO DA ROSA, L. C. Autoformação (do "homem completo"). **Revista Entreideias: educação, cultura e sociedade** / FACED – UFBA [Salvador, BA], v. 14, p. 87-103, 2008.

## WEBSITES & SOCIAL LINKS DO AUTOR

CNPq [Luiz Carlos Mariano da Rosa]:

http://lattes.cnpq.br/0084141477309738

ORCID [Luiz Carlos Mariano Da Rosa]:

http://orcid.org/0000-0001-7649-2804

ResearchGate [Luiz Carlos Mariano Da Rosa]:

http://www.researchgate.net/profile/Mariano_Luiz_Carlos

Semantic Scholar/Profile 1 [Luiz Carlos Mariano da Rosa]:

https://www.semanticscholar.org/author/Luiz-Carlos-Mariano-da-Rosa/145051332?sort=influence&fbclid=IwAR2B2G-5PtDDY-iO4_WxRjgzKonySDta7YZ75M3QILBdarhUXDDIIGuYf9I

Semantic Scholar/Profile 2 [Luiz Carlos Mariano da Rosa]:

Os direitos da razão e a sua autoprodução entre o sistema de conhecimento de Descartes, o projeto crítico de Kant e o *idealismo absoluto* de Hegel     Luiz Carlos Mariano da Rosa

https://www.semanticscholar.org/author/Luiz-Carlos-Mariano-da-Rosa/134330005?sort=influence&fbclid=IwAR07268G-nB8AXcSzOWA7Q3I6lOkoOvlsJYZBAJU5F5UxTR3S2Sx QO9f-Kc

**Publons [Luiz Carlos Mariano da Rosa]:**

https://publons.com/researcher/1911395/luiz-carlos-mariano-da-rosa/

**PhilPapers [Luiz Carlos Mariano da Rosa]:**

https://philpeople.org/profiles/luiz-carlos-mariano-da-rosa

**REDIB - Red Iberoamericana de Innovación y Conocimiento Científico [Luiz Carlos Mariano da Rosa]:**

https://redib.org/Search/Results?type=Author&lookfor=%22luiz+carlos+mariano+da+rosa%22&limit=20

**Acta Académica [Luiz Carlos Mariano Da Rosa]:**

https://www.aacademica.org/marianodarosa.luizcarlos

Os direitos da razão e a sua autoprodução entre o sistema de conhecimento de Descartes, o projeto crítico de Kant e o *idealismo absoluto* de Hegel    Luiz Carlos Mariano da Rosa

## Academia.edu [Mariano Da Rosa (Luiz Carlos)]:

http://ucam-br.academia.edu/MarianoDaRosaLuizCarlos

## Google Acadêmico/Google Scholar [Luiz Carlos Mariano da Rosa]:

https://scholar.google.com/citations?hl=pt-PT&user=IwvxyawAAAAJ

## WorldCat [Luiz Carlos Mariano da Rosa]:

https://www.worldcat.org/search?q=luiz+carlos+mariano+da+rosa&fq=ap%3A%22mariano+da+rosa+luiz+carlos%22&dblist=638&start=1&qt=page_number_link

## Globethics.net [Luiz Carlos Mariano da Rosa]:

https://repository.globethics.net/discover?scope=%2F&query=%22luiz+carlos+mariano+da+rosa%22&submit=&rpp=10&view=list

## Google Books [Luiz Carlos Mariano Da Rosa]:

Os direitos da razão e a sua autoprodução entre o sistema de conhecimento de Descartes, o projeto crítico de Kant e o *idealismo absoluto* de Hegel     Luiz Carlos Mariano da Rosa

https://www.google.com.br/search?q=inauthor:%22Luiz+Carlos+Mariano+Da+Rosa%22&hl=pt-BR&tbm=bks&sxsrf=ALeKk026VWNSO-SmmG2pwoYFLRt1ohsbAw:1615235446539&ei=dolGYLO7IOOy5OUPuNqNoAI&start=0&sa=N&ved=0ahUKEwizzpP4xKHvAhVjGbkGHThtAyQ4ChDy0wMIRw&biw=1536&bih=775&dpr=1.25

Escritores.org [Luiz Carlos Mariano da Rosa]:

http://www.escritores.org/libros/index.php/item/luiz-carlos-mariano-da-rosa

Blog Prof. Mariano Da Rosa Educação, Filosofia e Teologia [Mariano Da Rosa, Luiz Carlos]:

https://professormarianodarosa.blogspot.com/

Os direitos da razão e a sua autoprodução entre o sistema de conhecimento de Descartes, o projeto crítico de Kant e o *idealismo absoluto* de Hegel     Luiz Carlos Mariano da Rosa

www.ingramcontent.com/pod-product-compliance
Lightning Source LLC
Chambersburg PA
CBHW071158160426
43196CB00011B/2118